《接力》编委会 主编

接力

安徽师范大学出版社
ANHUI NORMAL UNIVERSITY PRESS
·芜湖·

图书在版编目（CIP）数据

接力 /《接力》编委会主编．— 芜湖：安徽师范大学出版社，2023.1
ISBN 978-7-5676-5879-0

Ⅰ．①接… Ⅱ．①接… Ⅲ．①中国共产党—模范共产党员—先进事迹—青少年读物
Ⅳ．①D263-49

中国版本图书馆CIP数据核字（2022）第216550号

接力

JIELI　　《接力》编委会◎主编

责任编辑：陈贻云
责任校对：谢晓博
装帧设计：张德宝
责任印制：桑国磊
出版发行：安徽师范大学出版社
芜湖市北京东路1号安徽师范大学赭山校区　　邮政编码：241000
网　　址：http://www.ahnupress.com/
发 行 部：0553-3883578　5910327　5910310（传真）
印　　刷：江苏凤凰数码印务有限公司
版　　次：2023年1月第1版
印　　次：2023年1月第1次印刷
规　　格：700 mm × 1000 mm　1/16
印　　张：17　　插页：8
字　　数：278千字
书　　号：ISBN 978-7-5676-5879-0
定　　价：88.00元

《接力》编委会

小记者向中国关工委主任顾秀莲、省关工委主任张俊敬献红领巾　郑远　摄

传承红色基因，赓续红色血脉。小记者们在王稼祥雕像前合影　许诚　摄

顾秀莲、单向前同志高兴地和小记者见面　刘江　摄

安徽省暨芜湖市关工委小记者“双百行动”启动仪式现场　郑远　摄

时任市委副书记、市长单向前和小记者亲切握手　刘江　摄

小记者们在王稼祥纪念园广场参加“双百行动”启动仪式　许诚　摄

顾秀莲主任和省、市领导共同按下“双百行动”启动球　许诚　摄

序

2021年4月，安徽省关工委暨芜湖市关工委在王稼祥纪念园举行关工"五老"（老干部、老战士、老专家、老教师、老劳模）党史学习教育暨芜湖市小记者"双百行动"启动仪式，我非常荣幸地受邀参加了。今天，芜湖的同志又给我传来记录这次活动全过程的专辑《接力》书稿，希望我写几句话。我却之不恭，再次荣幸地接受任务。

百名小记者采访百名不同时期优秀共产党员，这个"双百行动"创意好！好在什么地方？好就好在抓住了关心下一代工作的根本属性。习近平总书记指出，青少年是祖国的未来和民族的希望。那么，未来的他们，如何在世界百年未有之大变局中保持清醒头脑、坚守正确航向？这就需要从小培养青少年的正确价值观，引导他们筑牢信仰之基，补足精神之钙。其中，吸取前人优秀思想精华，继承发扬先辈光荣革命传统显得格外重要。不同时期的优秀党员亲历了革命战争、社会主义建设和改革开放的伟大实践，见证了中国从站起来、富起来到强起来的历史性巨变。他们政治坚定、信念执着、理想高远，具有浓烈的家国情怀和深刻的人生感悟，他们的个人成长史与百年党史交相辉映。小记者对他们的访谈，有代入感和真实性，有利于青少年对中国特色社会主义制度优势的理解、认同和接受，从而增强为实现中华民族伟大复兴而奋发图强的历史使命感和责任感。

重温党的百年光辉历程，既是回望过往的奋斗路，也是眺望前方的奋进路。各级关工委和广大"五老"同志要坚持以习近平新时代中国特色社会主义思想铸魂育人，将党史学习教育作为青少年思想道德教育的"重头戏"，抓紧抓实抓好。要适应社会环境的新变化和青少年的新需求，积极创新党史学习教育的内容、形式、方法，把党史、新中国史、改革开放史、社会主义发展史宣传好、传播好。

芜湖小记者“双百行动”取得圆满成功，并结集出书，我由衷地感到高兴。借此机会，祝老同志们身体健康，永葆初心！祝同学们德智体美劳全面进步！祝安徽省和芜湖市的关心下一代事业在省委、省政府的领导和支持下，不断开拓创新，实现高质量发展！

顾秀莲

2022年10月于北京

（作者系第十届全国人大常委会副委员长、中国关心下一代工作委员会主任）

目　录

薪火相传——芜湖小记者“双百行动”专辑

晚晴如歌——芜湖市关心下一代工作先进典型专辑

薪火相传

——芜湖小记者“双百行动”专辑

今天的青少年，将要成为实现第二个百年奋斗目标、建设社会主义现代化国家的主力军。为庆祝中国共产党成立100周年，教育广大青少年学好党史这门必修课，让红色基因、革命薪火代代传承，芜湖市关心下一代工作委员会与芜湖传媒中心联合开展百名小记者采访百名不同时期优秀共产党员的“双百行动”。大江晚报持续跟踪，于2021年共刊发了数十篇报道，引发社会热烈反响。“薪火相传”专辑精选了其中部分作品。

不论在哪个岗位都要为人民谋幸福

许诚　摄

2021年4月2日上午，在绿影婆娑、古树掩映下的芜湖市关心下一代工作委员会（简称“芜湖市关工委”）办公楼里，记者带着来自北塘小学的小记者邵清涵同学，一起采访了芜湖市关心下一代工作委员会主任、老党员魏道斌，听魏爷爷讲述他的人生经历、党员故事。

1948年，魏道斌出生于庐江县农村，兄弟姐妹多，他在家中是排行十一的最小孩子。家境贫寒并不能阻挡魏道斌刻苦求学和追求进步的脚步。“14岁上中学的时候，我就加入了团组织。17岁考上芜湖电校，我穿着一双草鞋从江北来到了芜湖。在电校，因为各方面表现突出，我被组织上列为入党积极分子重点培养。可以说，那个时候的我，心中的一个梦想就是成为一名光荣的中国共产党党员。然而，由于恰逢一段特殊的历史时期，这个梦想的实现整整推迟了十多年。”魏道斌在回忆中感慨，“到了1976年，我在芜湖市晶体管厂工作，虽然已经是厂里的中层干部，但最苦、最累、最脏的活我总是冲在最前面，尽管还没有入党，我也一直以一名共产党员的标准严格要求自己，工作上倍加努力。经过厂党支部严格的考察，我终于在党旗下举起右手。40多年过去了，入党那一天的情形我仍然记忆犹新，入党宣誓的那一刻，我的心情无比激动，热泪盈眶，一个年轻人的十年追梦终于梦想成真。”

从成为党员的第一天起，魏道斌心中就时刻牢记要“为人民谋幸福”这个初心使命，几十年来，不论在哪个岗位，担任什么职务，这个“初心”一直未改。“在无线电三厂当厂长的时候，恰逢改革开放初期，我将小岗村‘大包干’的形式移植到厂里，在车间实行经济承包责任制，极大地调动了工人的积极性，提高了工人的收入，让大家享受到了改革的红利。”在曾经的芜湖县任县长、县委书记时，魏道斌一心想着“要想富，先修路”，和“四大班子”一起，为全县不通公路的8个乡镇修通公路，打通老百姓的致富路。

采访当天，正值芜湖汛期，自担任芜湖市人大常委会主要领导以来，魏道斌一直为芜湖的防汛抗洪尽心操劳，现在依然是市防汛抗旱指挥部的总顾问。“水情是芜湖市最大的市情，水患是芜湖市最大的隐患，根治水患是多年来摆在芜湖人民面前的一道难题，通过青弋江分洪道等多项举措，现在这个难题已经基本得到了化解。”魏道斌说。

2008年9月，魏道斌接到市委任命，从芜湖市人大常委会主持工作的副主任转岗到市关工委任主任。“关心下一代工作，关心、教育、培养青少年健康成长，做好事做善事，我十分乐意在这个岗位上为孩子们实实在在做一些事情。”在芜湖市关工委，魏道斌将自己多年积累下的人脉资源用在了最有价值的地方，用募集到的800万元资金注册成立了芜湖市爱心助学基金会，委托第三方理财，利用增值部分助学助困。“到目前为止，本金加增值部分已经达到3000万元，这个基金会阳光操作、有序运行，这些年帮助了很多需要帮助的孩子。”带着工作人员一起在无为农村走基层摸底，魏道斌看到一些残疾儿童行走很不方便，还有一些孩子吃不好……“这些就是我们关工委的关爱对象。”据统计，芜湖市爱心助学基金会成立11年来，累计资助中小学特困生10082名，发放助学金和各类善款1082.27万元，为寒门学子送去党和政府的温暖和关怀。

采访中，看到一直在认真聆听，仔细记笔记的小记者，魏道斌主任非常欣慰，询问了小记者的基本情况，勉励她积极向上，刻苦学习，并与她亲切合影。“今年是中国共产党成立100周年，‘双百行动’是芜湖市关工委联合芜湖传媒中心开展的一项有着特别意义的活动，也是今年全省关工委系统庆祝建党百年的一个重要活动。100个小记者采访全市100个不同时期优秀共产党员，通过各个时期党员讲述他们的经历和奋斗故事，小记者写心得，再通过传媒途径传播，起到教育青少年的作用，教育他们听党话、跟党走，做中国特色社会主义事业的合格接班人。现在这个活动正在开展，看到你们小记者采访的忙碌身影，我打心眼里高兴。”

记者　胡芳

记者手记

和孩子们在一起最快乐

采访当天，芜湖下着大雨，73岁的魏道斌主任早早就等在了他位于范罗山的办公室。在记者面前，他是一位老领导，但更像一位慈祥的父辈。魏道斌的人生经历很丰富，讲述中他怕内容太多我记不全，临走时特地将他的一本工作笔记交给我。“这是今年我给大家上党课准备的笔记，里面有我亲手写的我的人生经历中重要的大事，你可以拿去参考。”回到家中，我仔细翻阅了魏主任的笔记，工整的字迹，清晰的脉络，发自内心、充满感情的记述，让我们后辈为之动容并感到由衷钦佩。魏主任还在笔记上用红笔特意用这样的话语总结了他的人生经历：苦难的童年、艰辛的少年、坎坷的青年、奋斗的中年、幸福的壮年、快乐的老年。这让记者想到采访中他说的一句话：“一个共产党人如何保持退休不褪色，我心目中的最佳岗位就是关工委，和孩子们在一起最快乐！在家里，我可能不是一个称职的外公、爷爷，但在工作上，我要努力成为一个称职的关工委主任，永葆初心，永远铭记要做一个称职、优秀、合格的共产党员。”

小记者感言

红色对话　童心向党

2021年是伟大的中国共产党成立100周年，也是“两个一百年”奋斗目标历史交汇的关键节点。为庆祝中国共产党成立100周年，全市上下积极组织开展形式多样的红色主题活动，继承和发扬党的光荣传统与优良作风。7月2日，我有幸参加全市“双百行动”，作为芜湖小记者，面对面采访了芜湖市关工委主任、老党员魏道斌爷爷。

魏爷爷1948年出生于安徽省庐江县，见证了新中国的成长与崛起。在采访过程中，最令我感动的一件事就是：魏爷爷多年来一直都在为芜湖防汛抗旱的事情而操劳，如今，73岁高龄的他仍然是我市防汛抗旱指挥部的总顾问。魏爷爷用打比方的方式向我讲述了青弋江分洪道的原理，生动有趣。采访中，魏爷爷还和我们分享了他去人民大会堂发言的结束语：“一个共产党人如何保持退休不褪色，我心目中的最佳岗位就是关工委，和孩子们在一起最快乐！”他的话真让我感动。

党旗鲜艳，飘扬在七月的晴空。100年历史沧桑，100年壮丽辉煌。采访结束后，魏爷爷还亲切地与我合影，那一刻，我便在幼小的心灵里埋下了一颗理想的种子：长大后，我也要成为一名像魏爷爷一样的优秀共产党员！而当下，作为一个新时代少年，我要加强党史知识的积累，学会感恩，珍惜现在的幸福生活，努力学习，争做中国特色社会主义事业合格的接班人。

芜湖小记者　邵清涵

北塘小学四（3）班

军功章里的革命故事

许诚　摄

当朝气蓬勃、戴着红领巾的新时代小记者采访一位头发花白、佩戴各种军功章的90多岁老党员时，稚嫩的小手被一双布满皱纹的大手紧紧握住，过往峥嵘岁月再次被忆起。

老党员名叫刘志岚，虽步履蹒跚，后背有些佝偻，但穿着一身绿色军装的他精神矍铄，对入党时间、过去的革命岁月仍然记忆犹新。“我是在新中国成立的前一年、1948年的淮海战役立功时加入中国共产党的，那个时候是真激动、光荣啊！”1944年，14岁的刘志岚成为家乡儿童抗日团“团长”，承担着站岗放哨、送信等任务，就像电影《鸡毛信》中描述的场景。1947年，年仅17岁的刘志岚在山东老家志愿参军入伍。1948年11月淮海战役打响后，毫无畏惧的刘志岚冲锋在前、坚守一线。“当时战火纷飞，村庄都打平了，部队伤亡很大，班长也受了重伤，我是顺着战壕半爬着将背上的班长送到战地医院的，可惜啊！班长最后还是英勇牺牲了。”回忆起这一幕，刘志岚眼含泪花，用力握着小记者的手。因为不顾个人安危在枪林弹雨中连续抢救数名战友，刘志岚受到领导、战友高度赞扬，也因此在战斗火线中被破格批准加入中国共产党并记三等功。

不仅仅是淮海战役，先后在护送刘邓大军南下进军大别山、济南战役、渡江战役中，能吃苦不怕险的刘志岚都出色完成送信、抢救营长等各种任务，经受住了战争的考验。革命战争年代，难免遇到危险，当小记者陶子芊询问他“如何看待生与死”时，刘志岚挥手坦言：“没有国哪有家！只有拼尽全力，革命成功，才有生的希望。就算不幸牺牲了也是为人民而死，死得其所。”在部队经历风雨的30多个春秋中，刘志岚先后荣立三等功5次，1980年转业来到芜湖，1992年离休。

离休后的刘志岚也未闲着，依旧发挥余热。他是镜湖区赭山街道关工委“五老”宣讲团中首批加入、年龄最大、党龄最长的一位党员志愿者。这些年，只要身体允许，他都积极进入学校、社区，为大中小学生进行以社会主义核心价值观为主题的宣讲，同时结合亲身经历，讲述抗日战争时期放哨送信的故事，讲述解放战争时期几次重大战役和抗美援朝中的重要事件，来回奔波，从无怨言。“打仗的日子很辛苦，孩子们感受不到，我有责任也有义务进行宣讲，增加他们对历史的认识，增强他们的爱国情感。”刘志岚以历史事实告诫青少年，只有在中国共产党的领导下，才能取得胜利和成功，他希望广大青少年永远要学党史、听党话、跟党走，做好新时代的“接班人”。

“爷爷，我记住了，谢谢您为了我们今天的美好生活战斗拼搏过！”戴着红领巾的小记者陶子芊感动地点头，随后怀着崇敬之情为刘志岚戴上了鲜艳的红领巾。一个敬队礼，一个回军礼；小记者眼神清澈，老党员目光坚定。革命精神在传承，一代又一代爱国奋斗、顽强拼搏的精神也在传承。

记者　芮娟

记者手记

革命精神生生不息

与革命的亲身参与者零距离接触，这对在“蜜罐”里长大的小记者陶子芊、陪同采访的妈妈邓瑞娟以及“大记者们”来说，无疑都是一场深刻的爱国主义教育，真正体现了革命精神代代传承、生生不息。

90多岁高龄的刘志岚，脸上刻满了岁月的沧桑，听力其实已不大好。采访时，我们问一句，他的女儿在耳边“翻译”一句，依靠助听器他才能听得清。不过，他回答时却声音洪亮，清晰有力。1个多小时的采访，他说得最多的就是：“没有中国共产党，哪有现在的强大中国！你们一定要听党的话！”目光坚定！信念坚定！

和每次宣讲时一样，接受小记者、大记者采访的刘志岚依然在胸前佩戴着一枚枚军功章。岁月流逝，虽然部分军功章已有些磨损、字迹不太清楚，但背后的一段段战斗故事从未模糊，一位老党员忠诚、果敢、不畏艰难的革命精神永不褪色，值得我们每一个人学习、致敬！

小记者感言

我的心情始终不能平复

今天我非常荣幸，作为小记者代表，采访了一位战斗英雄——老党员刘志岚爷爷。前天晚上妈妈告诉我这件事后，我很激动，也非常紧张，很担心表现不好。为了采访能顺利进行，我特意提前准备好了采访提纲。

今天，我和妈妈以及记者叔叔阿姨们一行7人来到刘爷爷家中。一进家门，我就被刘爷爷的一身军装和胸前挂满的军功章吸引住了。我本来以为他应该是一位严肃的老人，但在采访的过程中发现，他不仅和蔼可亲，还是一位会玩抖音的“时尚达人”呢。

由于提前做了功课，我知道刘爷爷是一名参加了淮海战役、渡江战役等多次战斗，获得过许多荣誉的老党员。所以当采访开始，我的第一个问题是：“刘爷爷，您是什么时候加入中国共产党的呢？”“1948年，新中国成立前一年。”刘爷爷虽然年纪很大，但是回答我的问题依然清晰有力。在问完所有的问题后，我怀着崇敬的心情给战斗英雄刘爷爷戴上了鲜艳的红领巾，并以少先队队礼向他致敬，刘爷爷高兴地回了军礼。那一刻，我感到无比骄傲。最后刘爷爷语重心长地对我说：“孩子，我们现在的美好生活都是那些为了国家强大起来的英雄创造的，爷爷看到你们这群接班人高兴啊！你们永远不能忘记共产党、解放军，不能忘记他们为了中国强大起来所作出的牺牲。”

回去的路上，我的心情始终不能平复：是啊，如果没有这些为了新中国而浴血奋战的英雄，怎么能有今天美好幸福的生活呢？我们是新一代的接班人，一定要努力学本领，长大以后为祖国的强盛贡献自己的力量！

芜湖小记者　陶子芊

赭山小学四（2）班

98岁老党员赤诚丹心跃然纸上

汪武　摄

98岁的老党员赵文波，出生于风雨飘摇的旧中国，青年时期带着长辈“万不能做亡国奴”的嘱托投身革命，抗日救亡，为民族独立和人民解放英勇奋战。新中国成立后，他来到芜湖，在担任芜湖市领导期间，为芜湖的发展建设倾注了心血。退休后，仍用书画作品宣传党史及党的主张。这位即将百岁的老党员，亲眼见证了在中国共产党领导下，中华民族从站起来、富起来到强起来的伟大历史进程。

近日，大江晚报记者与小记者温羽宸一起走进赵老的家中采访。赵老的家十分简朴，水泥地、绿粉墙、老式家具，家中最吸引人的就是堆满书桌、装满几箱子的书画作品。梅兰竹菊、名言警句挂满墙面，书卷气息扑面而来。

赵老佩戴着党徽，精神矍铄、身体健朗。他拉着小记者的手，回忆起往昔峥嵘岁月。“1923年，我出生在河北省安国县石佛村。1940年参军，我因为年纪小，在当时又算得上是有文化的人，就被安排到戏剧社当宣传员。后来又进入战地报社，负责收听国际新闻并记录下来，再一个字一个字地刻出来，印成报纸分发到各机关去。”

1941年底，怀着一颗为国为民无所畏惧的心，赵文波加入了中国共产党。赵老回忆着那些穿梭在枪林弹雨中的日子，讲述着遭遇敌人机枪封锁包围等种种危险，以及看着身边战友中枪倒下的心痛……虽已过去了80年，老人的眼睛依旧湿润了。

1949年4月，赵老南下来到芜湖，扎根江城70余年，他参与了芜湖的建设发展。日新月异的芜湖让赵老感慨万分，他动情地写下：“今日看芜湖，龙腾又虎跃。已是红花遍地开，处处花枝俏。矮屋变高楼，道路宽阔了。工厂企业开遍地，市场繁荣供应好。人民住宅大改善，生活水平大提高。长江大桥成现实，跨江发展飞更高。商埠雄风已展现，人人皆欢笑。”

书法绘画丰富了赵老的离休生活，他钟爱梅兰竹菊的风骨，多次举办个人画展，国画《红梅》被卢沟桥建桥800周年庆典活动永久收藏。赵老关心国事，每天读报学习。多年来他坚持通过创作书画作品宣传党的主张，倡导廉洁自律，发挥着一位老党员的余热。

百年征程波澜壮阔，百年初心历久弥坚。为了庆祝建党100周年，赵老倾注大量心血和汗水准备了百幅作品，其中50幅书法作品，50幅绘画作品。当98岁的老人将一幅幅画卷缓缓展开时，我们看到的是一位老党员的赤诚丹心。

“与我小的时候相比，如今的生活真的是太好了！中国站起来了、富起来了、强起来了！今后的日子还会越来越好。希望你们好好学习，将来长大了为国家为人民多作贡献！”赵老轻抚着温羽宸小朋友的肩膀殷切嘱托。小记者肃然起立，郑重地行少先队队礼：“赵爷爷，我记下了！”

记者　顾娅

记者手记

笔耕不辍　学习不止

近百岁的老人应该过什么样的休闲生活？98岁的老党员赵文波给了我们不一样的答案。

“斯是陋室，惟吾德馨”送给赵老最为恰当，在他简朴的房间里，书桌是最“丰盛”的地方，上面整齐地摆放着笔墨纸砚，一个又一个书箱装满了他的字画作品。书架上放满了各类书籍，包括唐诗宋词、历史典故、名人传记等。赵老卧室枕边，放着十来本厚厚的剪报，翻开来每一页上都写着他读报的心得体会。

赵老在职时公务繁忙，虽爱好书画但无暇顾及，退休后才开始学习钻研，此后创作书画无数。书画之余，无论春夏秋冬，他每天坚持手抄数百字……读书、剪报、写字、画画，年近百岁，依旧笔耕不辍、学习不止。

赵老的客厅墙上悬挂着他手书的一幅条屏：“沉着冷静　宽容慢行　粗茶淡饭　知足常乐”。与画结缘，与书相伴，一身清风远胜乱花迷眼，可能这就是赵老的长寿秘籍，也是一位老党员淡泊自律的生动体现。

与小记者一起在赵老家中走走看看，处处是学问，时时有收获。都说“家有一老，如有一宝”，像赵老这样的老党员们就像宝贵的典籍，仔细翻阅、认真学习，年轻后辈们就能找到前进的方向和动力。

小记者感言

谨记爷爷的谆谆教诲

近日，在大江晚报记者顾娅老师的陪伴下，我有幸走进赵文波爷爷的家，聆听爷爷的动人事迹，谨记爷爷的谆谆教诲。

踏进赵爷爷家大门，出现在眼前的是一位很慈祥的老人。赵爷爷家里布置得十分简朴。我激动地给赵爷爷戴上红领巾，向他敬少先队队礼。赵爷爷告诉我们，他于1923年10月出生在河北省安国县石佛村，1949年4月南下到芜湖。对于以前的事情，赵爷爷娓娓道来。现在的他在字画上也颇有成就，他是安徽省书法家协会会员，芜湖市老年书画协会荣誉会长。我也一直在练习软笔书法，能欣赏到优秀书画家的书画作品，我感到特别荣幸。惟妙惟肖的画作，苍劲有力的书法，让我看得目不转睛。爷爷家墙上挂着的一幅作品深深地吸引了我——“沉着冷静　宽容慢行　粗茶淡饭　知足常乐”。是啊，这就是赵爷爷现在的生活写照，他离休后，坚持习书、绘画、读书……生活充实又快乐。

我是一名光荣的少先队员，作为新时代的少年、红旗下的孩子，我为我们的国家感到骄傲和自豪。通过采访，我对赵爷爷的尊敬和敬佩之情油然而生，也更加珍惜现在的幸福生活！

芜湖小记者　温羽宸

瑞阳小学三（1）班

红色精神在两代人之间传递

程茜　摄

“邓叔叔，您是什么时候加入中国共产党的？您在工作中，是如何发挥党员‘三牛’精神的？……”11岁的小记者李浩男浓眉大眼，身穿校服，边举话筒边看了看自己写在练习本上的采访提纲。近日，芜湖市关心下一代工作委员会与芜湖传媒中心联合开展“双百行动”，两代人的“红色碰撞”如火花般鲜活又温暖，两代人的精神传承如流水般绵延不绝。

在安师大附属外国语学校城东分校就读四年级的李浩男，上学期加入了小记者团，没想到参与的第一个活动就是如此“重量级”的。浩男告诉记者，他特别珍惜这次机会，做了不少准备：“我带了两条红领巾，一条送给党员叔叔，一条送给记者阿姨。”别看年纪不大，浩男可是资深的红色影片爱好者。“《建国大业》《建党伟业》这些我都看过，很好看。”

人小鬼大的小记者第一次采访，老党员“邓叔叔”也是第一次与小记者在镜头前对话。“小记者你好，我是1998年入党的。”邓世杰是芜湖市委统战部机关党委专职副书记、纪委书记，一身深色衣服上最显眼的就是那枚鲜红的党徽。邓世杰告诉记者，他是在1996年递交的入党申请书。“当时我在合肥电子工程学院上大学，那是一所军事院校。”

时隔多年，邓世杰仍然清楚地记得校园里爱国入党的浓厚氛围，“同学们对入党都非常向往，我也是一腔热血。很幸运，提交入党申请书后，通过严格考察，我在两年后成为一名正式党员”。入党后，邓世杰并没有觉得完成了任务，相反，他感到更有压力了，“党员是旗帜、是先锋，我要用更高的标准要求自己，把每件事都尽力做好”。

邓世杰就读的是应用电子专业，但他并没有选择理工类的就业方向，而是在2003年考上了芜湖市的公务员，后来进入市委统战部工作。邓世杰说，他和同事们格外重视对理论知识的学习，日常会组织集中学习，更会通过各种平台自学，及时地传达领会党中央和上级党委的最新精神。

邓世杰表示，不同于其他一些职业，在政府机关工作强调政治性、服从性和主动性，党员更要积极担责，冲锋在前。“去年防汛抗洪时，我和同事们周末接到电话，第一时间就到无为大坝上巡堤，并在那里整整驻守了一周。”

邓世杰说，红色文化需要代代传承，“我的女儿今年5岁，我带她看过动画片《一封鸡毛信》”。对这次的活动，他更是感觉意义非凡，“知道中国共产党的历史，以及今日的强盛来之不易，能让孩子们更加充满民族自信，更加发奋图强”。

记者　程茜

记者手记

在心中种一颗红色种子

采访活动在邓世杰的办公室进行，小记者神采奕奕，优秀党员温润坚毅；优秀党员给小记者讲起了党徽的含义，讲起了党章的多次修订；小记者给优秀党员系上了红领巾，向他敬少先队队礼。大手拉小手，红色精神在两代人之间传递，记者在一旁也上了一堂生动的党课。

长江后浪推前浪，百名小记者采访百名优秀党员，对于这些孩子来说，中国共产党不再是一个遥远、宏大的概念，而是身边真实可感、亲切温暖的人和事。今天，在他们心中种下的一颗红色的种子，定会生根发芽，不断茁壮成长。

小记者感言

做一名优秀的少先队员

一名优秀的共产党员身上有什么样的优秀品质？我可以从他身上学到什么？带着这些问题，作为一名芜湖小记者的我，与大江晚报记者程茜老师一道，采访了一位优秀的共产党员。

那天下午放学后，程茜老师和我一起采访了市委统战部的邓世杰叔叔。刚见到他时，我还很紧张，不知道如何开口提问，但看到他亲切随和的笑容，我的心情渐渐放松下来。我问了邓叔叔三个问题："您是什么时候加入中国共产党的？在平常的工作和生活中是如何学习党的理论知识的？又是如何在工作中将理论和实践结合起来的？"邓叔叔回答时娓娓道来。采访中，邓叔叔还介绍了他在工作和生活中，时刻以党员的标准严格要求自己、全心全意为人民服务的心路历程。通过这次采访，我看到了一名优秀共产党员身上的优秀品质。他们是平凡的，默默无闻地奉献着自己的人生；他们又是优秀的，在自己的岗位上发挥光和热，起到模范带头作用。我想，这些又何尝不是我需要学习的呢？

作为一名少先队员，胸前鲜艳的红领巾时刻激励我，要认真学习知识和本领，为祖国的建设作出自己的贡献；这鲜艳的红领巾时刻勉励我，要戒骄戒躁，团结友爱，做一名优秀的少先队员；这鲜艳的红领巾时刻鞭策我，要向邓叔叔这样的优秀共产党员学习，不断进步，茁壮成长，做一个合格的中国特色社会主义事业接班人。

芜湖小记者　李浩男

安师大附外城东分校四（1）班

从企业到社区再到学校
岗位虽变初心不变

许诚　摄

“张爷爷，您觉得党员和群众的区别在哪？”“一名党员就是一面旗帜，无论在哪，无论处于什么岗位，都必须有担当有作为，起到先锋模范带头作用，这也是我的初心……”2021年4月中旬，在清水街道老年学校，面对芜湖小记者叶云钒的采访提问，58岁的老党员张跃武声音洪亮，眼神坚定。

“我是2000年在企业入党的，那一刻感觉无比庄严、神圣。”对于一名共产党员来说，不论党龄长短，一定会将入党的那一刻铭记于心，张跃武也是如此。张跃武原在芜湖市康达染整厂工作。自1988年进厂起，他就踏踏实实勤学苦练、钻研技术，后被提拔为车间主任，分管生产。生产是工厂的核心，也是最前沿、最辛苦的岗位。张跃武一心扑在事业上，为了满足客户的需求，他对染色工艺精益求精，注重掌控湿度、配方、人工操作等各个重要环节，不仅令客户满意，也带领广大职工为企业创造了巨大的经济效益。正是因为有这股不怕吃苦、甘于奉献的“老黄牛”精神，提交入党申请书后，张跃武很快被批准加入中国共产党。

“我是党员，这不仅是一句介绍，更是一份责任！”入党后，张跃武便以共产党员的标准严格要求自己，处处起到先锋模范带头作用。2012年，企业被收购，张跃武被调到清水街道国资委工作，负责处理企业留守人员事务，同时也是清苑社区第四支部书记。在基层社区，哪里有需要，哪里就有张跃武的身影。清苑社区堆木站曾是老年人聚集的居住地，由于地理位置偏僻，渐渐成了边缘地带，有的树木已经枯死，一遇大风就存在安全隐患。居民们想清除枯树，可他们联系了好几位锯树人，都无能为力。张跃武得知后，主动与社区、物业联系，同时积极寻找有专业技术的锯树人。最终寻觅成功，第二天几棵枯树就被清除干净，同时也清除了居民们的安全隐患，还老人们一个安全的居住环境。2020年战“疫”、防汛的路上，主动请缨的张跃武也一直冲锋在前，将责任扛在肩上。一次冒雨上堤时，张跃武不慎摔倒、左臂受伤，他忍着剧烈疼痛，继续带队巡堤清障，一直忙到晚上。第二天在社区诊所治疗时，医生一再叮嘱他多注意休息，可张跃武依然坚守岗位，每天带着伤，都要去堤坝上巡查。

2021年2月，“红色先锋”张跃武又被调到新的工作岗位，担任清水街道老年学校校长职务。在学校线上教学期间，张跃武依旧未闲着：开展爱国主义教育活动，组织学员线上学习如何使用智能手机……最近，他还在指导学校文艺团队排练丰富多彩的节目。

“鸠江好人”、优秀支部书记、最美楼栋长……如今的张跃武还是街道关工委的“五老”成员。戴上成绩优异的芜湖小记者叶云钒亲手系上的红领巾后，张跃武笑脸盈盈地弯腰叮嘱着：“你们是祖国未来的希望，我们关心着你们的成长，我做好服务，你继续好好学习，听党的话，茁壮成长，不负期望！”“爷爷，我记住了！”认真点头的叶云钒行了个标准的少先队队礼，声音同样响亮有力！

记者　芮娟

记者手记

“我是党员”不仅是一句介绍

陪着小记者一起采访张跃武，一个最大的感受是真心——真心实意地踏实工作，真心诚意地无私奉献。在基层为民服务、在企业创新实干、在学校兢兢业业……对于张跃武来说，信仰坚定，有担当、有作为，心里装着群众，凡事想着群众，不忘初心，敬业和奉献已经成为一种习惯。在清苑社区光明路附近转角处有一个废弃的水缸，由于部分居民向缸里随意乱扔生活垃圾，日积月累气味难闻。作为社区第四支部书记的张跃武了解情况后，带头开来了自家三轮车，其他党员积极响应自带铁锹，大家一起将装着垃圾的废弃水缸运到了垃圾中转站，困扰就这样被轻松破解。

“在任何岗位、任何地方、任何时候都要铭记自己的党员身份，发挥先锋模范带头作用。”没有惊天动地的壮举，也没有豪言壮语的口号。从本职工作做起，从身边小事做起。其实，“我是党员”，本来就不是什么大话，它的动人之处，正在于这些微小却自带光芒的细节。

小记者感言

向老党员们致敬

跟随大江晚报的记者，我有幸采访了有着20多年党龄的张跃武爷爷。

在采访中，我得知张爷爷原来是一家国企的车间主任，主抓生产。经过长期考察，因为工作成绩突出，2000年他光荣地成为一名中国共产党党员。后来张爷爷在基层街道工作，同时任社区支部书记；现在是清水街道老年学校校长，也是街道关工委“五老”成员，既要为老年人的幸福晚年生活服务，又要无私关心下一代成长。虽然工作几经变化，但张爷爷一直发挥着党员先锋模范作用。

张爷爷一边用粗糙的手抚摸着我的头，一边回忆起种种过往。我仿佛看到，疫情期间，他不畏生命危险贴传单、挨家挨户提醒大家注意防护的忙碌身影；看到他在洪水威胁我们的家园时，没日没夜地巡堤、保卫堤坝的疲惫身影。当我给张爷爷佩戴红领巾时，他慈祥坚毅的眼神，如同火炬般点亮了我的世界。我感受到，一名共产党员无论在什么岗位都一样，他是一面旗帜，带领大家奋勇前进；他是一支火炬，点燃群众心中的希望；他是一块砖，哪里需要搬去哪里。

作为生长在红旗下幸福的一代，祖国寄希望于我们，我们必须接棒而上，向老党员们学习，做一名优秀的少先队员。

芜湖小记者　叶云钒

育瑞实验小学三（4）班

听老教授讲述党史故事

黄德雯　摄

一位是朝气蓬勃的小小少年，一位是知识渊博的大学教授；一位是优秀的少先队员，一位是优秀的老党员：在这个美好的春天牵手相约。近日，芜湖市北塘小学的王芯蕊同学来到安徽师范大学历史学院教授房列曙的家中，以小记者的身份采访这位老党员。

采访中，房列曙教授和小记者分享了自己的入党故事。“1969年我参军到浙江舟山群岛的大巨岛，那是一个海岛，没有淡水，当时的条件非常艰苦。战士们每天都要到很远的地方去挑水，扁担把肩膀上的皮都磨破了。1970年8月，我光荣入党，入党誓词我至今记忆犹新。”房教授说，“有了坚定的理想信念，在岛上生活条件再苦也不觉得苦，反而甘之如饴。”1972年9月23日，房列曙在《解放军报》第3版上发表了文章《艰苦守岛为人民》。当房教授拿出这张保存至今已经发黄的报纸，小记者王芯蕊深受触动。

1973年从部队退伍以后，房列曙凭借自己的努力考上了安徽师范大学历史系，毕业后又留校任教，一步步有了今天的学术成就。房列曙告诉小记者，多年来，他一直致力于研究中共党史，不但广泛收集资料还到各地实地考察。在房列曙家的书房，他拿出很多本这些年出版的党史著作和小记者分享。“希望你们能在中共党史的学术研究上，接过我们老一辈手中的接力棒。”70岁的房列曙对小记者提出了殷切期许。

房列曙告诉小记者，算下来，他的党龄已经有51年了。“成为中国共产党党员的这些年，也正是我人生中奋发成长的重要时期。从一名解放军战士到大学老师，再到学院院长，可以说，没有党的培养，就没有我的今天。”小记者问房列曙，有没有送给党的生日祝福？房列曙动情地说：“大手牵小手，我们永远跟党走。对我来说，退而不休，如今仍然在教学岗位上发光发热，并传帮带青年教师。”采访中，小记者王芯蕊和老党员房列曙还结下了学习“对子”，房列曙答应小记者以后在学习生活中大家可以多联系、多交流。

采访最后，小记者王芯蕊为老党员房列曙用钢琴弹奏了歌曲《少年》：“我还是从前那个少年，没有一丝丝改变，时间只不过是考验，种在心中信念丝毫未减……”

记者　胡芳

记者手记

老少携手　接续奋斗

老党员房列曙的家不大，但却有一个十分宽敞的书房，里面摆满了书籍。我们对他的采访，主要就是在这间书房里进行的。

采访中，有两个场景和画面让作为"大记者"的我十分动容。一个画面是，老教授拿出他这些年倾心写作的多本党史专著，一边用浅显易懂的语言给小记者讲党史故事，一边分享自己的创作历程，勉励小记者踏实勤恳，用功学习。老教授循循善诱，小记者求知若渴，一老一小，就像两个时代的交汇，迸发出智慧的光芒。另一个画面是，小记者用钢琴弹奏《少年》，老教授站在一旁微笑着认真聆听，一位是真正的少年，一位是心中仍少年，依然执着于教学岗位、发光发热的人类灵魂工程师。此情此景，分外美好动人。

"不忘初心，我们在一起……砥砺前行，我们要一起；征途漫漫，惟有奋斗……"就像主题MV《少年》里唱的那样，老少携手，接续奋斗，未来定会更加美好。

小记者感言

这个故事让我热泪盈眶

前段时间，我跟随大江晚报记者胡芳老师一同采访了安徽师范大学教授、老党员——房列曙爷爷。

采访地点在房爷爷的书房。在那里，我感受到了什么是书香满园。采访很快开始了，房爷爷告诉我他当兵时期发生的一些小故事。其中，令我印象最深刻、最感动的就是他们挑水的事情。由于当时海岛上没有淡水，生活条件极其艰苦，士兵们就在成堆的石头里挖水井。他们只能拿着当时仅有的工具一铲一铲地挖石头，有时手都磨破皮了，他们依然努力地坚持着，没有一个人叫苦叫累。

听到这个故事时，我热泪盈眶。我想，房爷爷还有那些战士也都是普通人，但他们似乎天生就具备不怕吃苦、艰苦奋斗的精神。老兵退伍，新兵接班，就这样一代一代传下去，因为大家都有一个共同的目标，就是守护海岛，守护祖国的边防！而如今，我们新一代的青少年，生活在这样一个幸福的年代，更应该继承这种不怕吃苦、勇于奉献的精神，努力读书，不断丰富充实自己，长大后可以像房爷爷他们一样，为祖国贡献出自己的一份力量！

芜湖小记者　王芯蕊

北塘小学四（7）班

她影响并鼓舞着一代代芜湖公交人

汤荣汛　摄

说起刘卫娣，芜湖人都非常熟悉。今年57岁的刘卫娣虽已退休在家，离开了她挚爱的7路公交车，但是只要有时间，她就会去公交线路上看看同事，和大家一起聊聊天。近日，记者和来自碧桂园小学的小记者邢星一起采访了刘卫娣，听听她是如何坚定地听党话、跟党走，为实现中华民族伟大复兴的中国梦贡献自己的一份力量的。

“1980年，16岁的我成了一名公交车售票员。等到我20岁的时候，终于成了一名公交车司机，随后就一直是7路公交车的驾驶员。37年前，刚从售票员岗位转到驾驶员岗位的时候，我真的非常开心，同事看到我都说我整天乐呵呵的。”30多年的工作中，刘卫娣也是一直微笑着，在岗位上热情地服务和奉献着。“2000年，我成为一名共产党员，那一天，是我人生中非常有意义的一天，这也给我日后的工作提出了更高的要求。”

刘卫娣认为，作为一名共产党员，就要处处发挥先锋模范带头作用。“在职时利用闲暇时间、退休后只要时间允许，我都会认真学习党的理论知识。”在刘卫娣看来，加强理论学习是提高政治素质的需要，也是做好自身工作的需要。工作多年来，刘卫娣将学到的理论知识运用到自己的工作实践中，生动践行了为民服务孺子牛、创新发展拓荒牛、艰苦奋斗老黄牛的“三牛”精神。

2002年，刘卫娣因受一项表彰获得4000元奖金。为了改善公交车乘车环境，她将奖金全部用于购置窗帘、垃圾桶等物品，用在8辆公交车上。从20世纪90年代开始，她就首创了芜湖公交的“花园”车厢——随着季节的变换，车厢里时而彩旗飘扬、鲜花环绕，时而绿叶成荫、春意盎然。虽然刘卫娣已经退休，但是很多市民发现，芜湖的公交车上，仍然有着众多的“刘卫娣们”，走进“刘卫娣线路”的车辆，干净的地板、宽敞明亮的车厢、用于装饰点缀的绿色藤蔓和朵朵小花，都给车厢增添了温馨与和谐。

在工作中充满激情，在生活中，她被同事们亲切地称呼“三姐”。2004年，她通过市妇联联系到“春蕾计划”中的贫困女学童进行救助，此后每年她都救助一名贫困女学童。从1998年起，她将因获得荣誉而得到的奖金，全部用于公益事业。退休后，刘卫娣救助贫困女学童的脚步并未停歇。在刘卫娣的影响下，每当公司开展公益捐助、送温暖等爱心活动时，“刘卫娣线路”都是全公司人均捐献金额最多的单位。

在平凡的岗位上，刘卫娣交出了一份出色的答卷。她所在的车组被评为全公司唯一的五星级车组，公交7路线多次被评为芜湖公交优胜线路。刘卫娣本人也成长为集全国公交系统先进个人，省、市劳模，芜湖市精神文明“十佳人物”，“十大杰出青年”，优秀共产党员等多种荣誉于一身的模范人物。

记者　汤荣汎

记者手记

细微深处见精神

公交车穿梭在城市的大街小巷，是城市的一个窗口。公交车驾驶员如同“摆渡人”，在平凡的岗位上默默奉献、发光发亮。虽然刘卫娣认为她做的很多事情都是微不足道的小事，但是细微深处见精神。一次次微笑、一次次帮助，一个个助人为乐、拾金不昧的瞬间，温暖了乘客的心，也擦亮了“城市的窗口”。即使刘卫娣已经退休，但是在各条“刘卫娣线路”上，刘卫娣依旧影响并鼓舞着一代代芜湖公交人。愿更多的公交车驾驶员们能加入“刘卫娣线路”，将城市公交的社会公益责任落实到每条公交线、每辆公交车和每位驾驶员身上，温暖更多的乘客。

小记者感言

把刘奶奶的精神传承下去

作为芜湖小记者，我有幸跟随大江晚报记者汤荣汛老师一同采访老党员刘卫娣奶奶。我怀着激动的心情来到刘奶奶的家，看到她穿着一身黑色的制服，胸前别着庄严的党徽，精气神十足，顿时让我心生敬意。为刘奶奶系上鲜艳的红领巾，翻看那一沓沓的获奖证书，听刘奶奶讲述获奖证书背后的故事，与刘奶奶聊她小时候的事情……通过采访，我了解到刘奶奶小时候的生活环境和学习环境都极为艰苦，入党多年来，她在公交岗位上一直全心全意地服务着。如今虽然退休了，但依然心系下一代。采访中，她不止一次地叮嘱我，一定要珍惜现在的生活环境，好好学习，将来为祖国作出自己的贡献！刘卫娣奶奶虽然没有做出惊天动地的大事，但她一直在平凡岗位上尽心尽力地做好自己该做的事，为党和祖国贡献自己的力量。我在今后的生活和学习中，要像刘奶奶那样，艰苦奋斗、乐于助人，把刘奶奶的精神继续传递下去！

芜湖小记者　邢星

碧桂园小学四（5）班

全心全意关心下一代

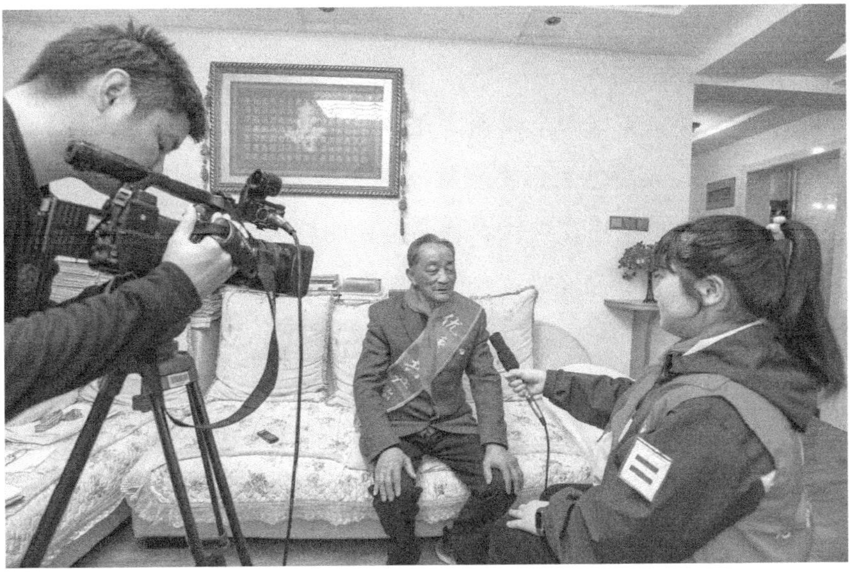

吴安亚　摄

万汝新老人今年已经80岁高龄，曾任弋江区火龙岗镇党委副书记。2002年退休后，他人老心不老，担任了火龙街道关工委常务副主任，为街道辖区内的青少年服务已经19年。“我是1970年入党的，一晃都过去了50多年。我还记得当年入党宣誓的每一句话、每一个字！”万汝新老人回忆起当年那个庄严的时刻，依旧很激动。“我是1969年1月递交的入党申请书，党组织考验了我一年多时间，1970年6月1日我正式加入了党组织。当时我们40多人，面向党旗举起右拳庄严宣誓：我志愿加入中国共产党……要起模范带头作用……几十年来，我都牢记这个誓言！‘全心全意为人民服务’，是誓词中我记忆最深刻的一句话！”

万汝新老人就是火龙岗镇本地人，在此生，在此长。“1949年新中国成立的时候，我8岁，记忆中我吃了不少旧社会的苦。中国共产党救了我们穷苦人，我小学三年级就加入了少先队，1959年（18岁）加入了共青团。我入党是为了做人民的公仆，全心全意为人民服务！”万汝新告诉记者：“我是‘旧社会生，新社会长’，我觉得，一名党员和普通群众的区别就在于：要体现出党员的先进性，要处处带头，吃苦耐劳在前、安乐享受在后。”

2002年退休后，万汝新转到镇“三委”（老龄委、老教委、关工委）工作，2011年6月撤镇成立街道办事处，又任火龙街道关工委执行主任。在他的带领下，火龙街道落实了15个村（居）关工委组织，并成立了89个关工小组，实现了全镇关工组织全覆盖。在从事关心下一代工作过程中，他曾受到冷嘲热讽，也有人对他表示不理解、不支持，但他始终抱着这样的信念：关心下一代工作是一项功在当代、利在千秋的伟大事业，作为一名党员就应该为党的事业尽心尽力，只要有一份热就发一份光。他是这样想的，也是这样做的。

教育帮助失足青少年是关工委的一项重要任务，挽救一个失足青少年就是挽救了一个家庭。2006年，火龙岗镇青年刘某解教回家，没有工作，生活较困难。万汝新得知后，就主动找到刘某原来工作过的工厂负责人，请其给予照顾。经过多次做厂领导的思想工作，工厂终于同意接受刘某回厂工作。回厂后的刘某工作认真，彻底变了一个人。2008年，火龙岗镇青少年吴某犯抢劫罪（未遂），鸠江区法院委托镇关工委做一些社会调查。万汝新和关工委同事从村委会了解到其家庭情况后，认为该青年是偶犯，于是实事求是地写出调查报告，并出庭发言。吴某回家后，万汝新又多次上门找其谈心，指出其犯罪的危害性、严重性。经过耐心帮教，吴某深刻反省，改过自新，思想逐渐稳定，工作也很认真。

万汝新在工作中不仅事事以身作则、率先垂范，还积极把“五老”组织起来，让他们成为留守儿童的帮扶员、网吧义务监督员、基层组织管理网格员、防溺水巡视员、整治环境督查员、社会矛盾调解员、街道换届选举工作观察员、抗击疫情的战斗员，让“五老”在新时代的舞台上老有所为，发光发热。

莫道桑榆晚，为霞尚满天。万汝新在平凡的岗位上做出了不平凡的业绩。自2010年至今，火龙街道关工委被市、区关工委授予先进集体称号，万汝新本人也先后获“全市关心下一代功勋奖”，并被评为“市最美五老”，市、区关心下一代工作先进个人，市、区“五老”网吧义务监督工作先进个人，街道“优秀党员”等。2019年，火龙街道关工委成功入选市首批“五好”关工委。目前，火龙街道7个村（居），区级“五好”关工委创建率100%，市级“五好”关工委创建率85.7%。

记者　吴安亚

记者手记

老人与孩子

南瑞实验学校五年级学生陆歆，是采访万汝新老人的小记者。一个多小时的采访过程中，有些腼腆、更多的是认真听的陆歆小同学，很快就得到了万汝新老人的喜爱，在爷爷对孙女般宠爱的氛围里，万汝新愉快地回答她的每一个问题。

“万爷爷，您是什么时候入党的？当时的心情如何？”“作为一名老党员，您认为普通群众和党员最大的区别表现在什么地方呢？”可以看得出，陆歆小记者认真准备了一些问题，有好奇，也有想法，虽然她的心中对“成为一名党员的意义”还是有些懵懂。

20世纪70年代，万汝新老人光荣入党后，在工作中积极发挥先锋模范带头作用。退休后，万汝新老人又全心全意投入“关工委”的工作中，为了孩子们的健康成长奔走。2011年10月，万汝新老人因病手术住院39天，出院后身体稍有恢复，就不顾家人劝说，又继续投入工作之中。听着万汝新老人慢慢讲述过去的故事，陆歆不停地做着记录。为表示对小记者采访的重视，万汝新老人特意找出“优秀共产党员”的绶带与一大摞获奖证书。记者翻看了一下，绝大多数都是老人家在“关工委”工作时取得的各种成绩与荣誉，这些都是他的珍贵精神财富。听着万汝新老人娓娓道来，陆歆的眼中闪亮着钦佩的光芒，场面十分温馨。

小记者感言

大手牵小手　永志跟党走

4月7日傍晚，我作为小记者走进火龙街道万汝新老人的家里，怀着激动的心情采访了现任弋江区火龙街道关工委执行主任——万汝新爷爷。

“万爷爷，您是什么时候入党的？当时的心情如何？”采访开始，我抛出了早就想好的问题。万老回忆着当初的情景，若有所思地说：“我是1970年入党的。一晃都过去了50多年，我还记得当年入党宣誓的每一句话、每一个字！”

“请问在从事关工委工作的19年中，您开展了哪些有意义的活动？”我继续提问。万汝新老人缓缓地说：“关心下一代工作是一项功在当代、利在千秋的伟大事业，作为一名党员就应该为党的事业尽心尽力，只要有一份热就发一份光。19年来，我和大家一起落实了15个村（居）关工委组织，并成立了89个关工小组，实现了全镇关工组织全覆盖。”

采访临近结束时，万汝新老人从卧室搬出一大摞鲜红的荣誉证书，让我深切感受了一位老党员爱党、爱国、爱家乡的情怀。万爷爷语重心长地对我说：“作为新时代的小学生，祖国未来的希望，你一定要好好学习，不辜负时光，长大后才能成为对国家、民族有用的人！”

芜湖小记者　陆歆

南瑞实验学校五（5）班

坚定信仰为民办实事的社区党委书记

钱萍　供图

日前，记者与镜湖小学五（2）班的小记者胡艺凡一同来到镜湖区荷塘社区，采访社区党委书记钱萍。一直以来，钱萍备受社区居民爱戴，这里的居民会告诉你：“我们社区党委干实事，心里有群众，我们社区党委书记是个好党员。”

荷塘社区老旧小区多，基础设施相对薄弱，老弱病残等困难居民也不少。不过，近10年来，该社区却名声在外，在其他社区许多居民或者社区工作人员眼里，荷塘社区是“文化社区”，是群众满意度比较高的社区，也是一个温暖的“大家庭”。

这个社区总是不缺少欢乐，几乎每一年的传统节日，社区都会组织百家宴。孤寡老人、空巢老人、留守儿童、环卫工人等都会被邀请到席上，大家热热闹闹地享用一餐“家”宴，也感受这个社区大家庭的温暖。2020年疫情防控开始后，社区里的群众自发参与到志愿者行列，同年夏季防汛抗洪也是如此，居民们当时说得好：“我们与社区党组织心连心，社区党委对我们有求必应，我们自然一呼百应。”当然，荷塘社区里大家最熟悉、最信赖的还是社区党委书记钱萍。在近年来老旧小区改造中，大家对她的工作交口称赞。荷塘社区与钱萍也因工作出色、成绩显著而获得多项荣誉。

今年已逾不惑之年的钱萍，在繁重的工作之外，同样有家人需要关心，是什么让她多年如一日地将青春与热情奉献给社区？当小记者用稚嫩的声音提出这个问题时，钱萍认真而严肃地回答：“人要有信仰。”

钱萍说：“小的时候，我很喜欢看红色电影，总是被里面的英雄人物所感动和震撼，从红色电影里我了解到了中国共产党的历史。在危难的时候，总是党员率先站出来，勇于担当，勇于牺牲。红船精神、长征精神、延安精神……在潜移默化中陪伴着我成长，激励着我努力成为更优秀的人。”

钱萍是2000年7月1日加入中国共产党的。从大学一年级开始递交入党申请书，到最终加入党组织，经历了三年时间。钱萍一直没有忘记：“入党前，院系党支部书记郑重地对我说：‘你即将入党了，这是对你过去表现的肯定。你要永远保持向前走、不后退，时刻记得，你是一名党员，入党的誓言虽然只有几句话，但那是你一生的承诺。’听完后，我当时很坚定地答：‘我能做到！’”

作为社区党委书记，钱萍在工作上一直将服务好居民当作最重要的事，“必须理论联系实际”。这方面钱萍感受比较深：“我在社区工作已经有十个年头，都说基层工作不好干，杂、乱、难，但却与百姓息息相关，直接关系百姓的利益。在基层工作，最要不得的就是纸上谈兵、摆花架子。既要注重理论学习，也要注重在实践中学习，任何工作的开展，都要结合本地实际，找准方向，把握重点，在学中干、在干中学，向群众学习，向前辈取经，将所学知识与自身的一些新点子相结合，不断提高社区治理和为民服务水平。”

在做好社区服务管理工作的同时，钱萍也一直尝试通过创新来提升服务与效能。荷塘社区基础设施陈旧，老年人占一半以上，住户变动频繁，流动人口多。如何让老旧小区焕发活力？如何让党建优势转化为发展优势？钱萍团结带领广大党员群众探索实践了一条“党支部＋网格＋楼栋长＋居民”的四级联动服务型党建体系，着力推进“党组织对群众有求必应，群众对党组织一呼百应”的基层党组织建设，让党组织凝聚力和居民幸福感同步增强，努力打造有温度的幸福家园。2019年11月，荷塘社区被中共安徽省委组织部命名为“城市基层党建省级示范社区”，2020年成为芜湖市城市领域基层党建工作“领航”计划“1311工程”示范社区。

记者　吴敏

记者手记

润物细无声

来自镜湖小学五（2）班的小记者胡艺凡是一个非常优秀的小姑娘，落落大方，真诚开朗。

在采访中，胡艺凡向钱萍了解了社区党委的各项工作，钱萍也非常耐心和蔼地回答。小记者与优秀党员的一问一答是一种传承，用润物细无声的方式将红色基因传给下一代。在采访活动结束后，胡艺凡说：“钱书记既像我的老师，也像我的阿姨，从她身上我真切感受到作为一个共产党员要承担许多责任，但同时也很光荣，因为有许多居民非常尊敬她。她是我学习的榜样。”

相信其他和胡艺凡一样参加这次活动的小记者们在成长中，都会牢牢记住有这样一次难得的学习经历，在成为党的事业接班人的道路上不断向前迈进。

小记者感言

我和钱书记面对面

近日，我跟随“大记者”吴敏老师去荷塘社区采访了社区党委书记钱萍。钱书记是一位优秀的基层社区工作者，也是一位能力出众的社区负责人与基层党组织负责人。钱书记在社区工作的这些日子里，每天早上最早到单位的总是她，作为社区有名的“工作狂”，她有一摞民情日记，密密麻麻记录了她这些年为居民办的一件件实事，粗略算来已有上千件。

钱书记坚持把各项服务与社区党建工作联系起来，不断满足社区居民对美好生活的向往。钱书记积极倡导“爱老、敬老、助老”的良好风气，经常对独居空巢老人进行走访慰问，以实际行动体现了对独居老人的亲切关怀，温暖了社区居民的心。

走在社区里，钱书记总会乐呵呵地和居民们打招呼，居民们都把她当作家里人。每次遇到事，总是想跟钱书记说道说道。居民王奶奶说：“只要有她在社区，我们都很放心。”多么朴实的大实话，相信也是每一位居民的心里话。她就是居民们最贴心的人。

把自己当作一束光，温暖照亮他人，坚持以服务群众为己任，高效务实地为居民服务好、办实事、做好事，这就是荷塘社区党委书记钱萍。她是我学习的好榜样。

芜湖小记者　胡艺凡

镜湖小学五（2）班

勤勤恳恳一辈子　实际行动报党恩

许诚　摄

年满80周岁的老党员、雷锋同龄人张龙云，满怀感慨地向小记者回忆起自己的青葱岁月和入党时的心情，并对下一代寄予殷切的希望。

“奶奶您好，您是何时入党的？……”戴着红领巾的小记者吴诺采访很认真。张龙云慈祥地对小记者说，自己1940年出生于芜湖，当时芜湖尚未解放，人们生活在水深火热之中。家中姐弟三人，母亲去世早，全靠父亲一手将他们拉扯大。

1958年，积极向上的张龙云进入芜湖纺织厂上班，作为一名产业工人，她兴奋的心情无以言表，对待工作认真负责。她积极提交入党申请书，并于

1959年9月成为中共预备党员，一年后转正。当年面对党旗宣誓时的场景，张龙云依然历历在目。“我志愿加入中国共产党……”张龙云说，“在几位老同志的见证下，我面对党旗举起右手宣誓，热血沸腾，心跳加快，激动又兴奋，终于实现了小时候的愿望。”前不久，80岁的张龙云受邀走进小学进行宣讲，她还专门定制了一面党旗，“宣讲时给孩子们看，能有个直观认识”。小记者采访的当天，张龙云拿出党旗再次重温入党誓词。现场，吴诺也给张奶奶戴上了鲜艳的红领巾，大手和小手牵在一起。

1963年，张龙云在芜湖市雷锋同志先进模范事迹展览第三馆当讲解员。58年来，她始终以雷锋同志为榜样，传承雷锋精神。2003年退休至今，张龙云一直发挥余热，从事关心下一代工作，做“一米阳光”志愿者，组织开展助学、助残、帮教等便民服务。她本人还是“一米阳光”“五老”宣讲团成员，也是芜湖市关工委旗帜报告团成员，多次荣获省、市、区关心下一代工作先进个人及“芜湖好人”称号，并提名和入围“中国好人”“安徽好人”等。

作为雷锋同龄人、拥有62年党龄的老党员，张龙云一直严格要求自己，坚持向雷锋同志学习，她认为党员要发挥先锋模范作用，在职在岗时要勤勤恳恳、兢兢业业，退休后，同样要弘扬无私奉献精神，投身关心下一代事业。祖国的未来在孩子们身上。“十年树木，百年树人”，要让孩子们茁壮成长，不仅要从物质上满足孩子们的需求，更要从精神上丰富孩子们的内心，引导孩子们树立正确的人生观和价值观。

记者　李贾

记者手记

薪火传承　肃然起敬

生于新时代的10岁小记者，认真地给生于旧社会的80岁老党员戴上鲜艳的红领巾，两个人相互敬礼，沧桑的大手和稚嫩的小手握在一起，那一刻，他们之间跨越了巨大的“代沟”。记者被这一幕感动了。

老党员张龙云自己准备了党旗，还有多年来交党费的记录本、党章等。看得出来，这些物品一直被她珍藏着。她说，每笔党费只要出现“小数点”，自己定然会多交凑个整数，62年来一直如此。铭记党恩、永远跟党走不是口号，而是被老一辈党员们用行动、用一辈子在践行着。虽然对过去的很多事，小记者的理解有限，但从老党员的深情语调中，他听出了其中的信仰并为之肃然起敬。薪火需要传承，每一个年轻人都应该从历史中汲取前进的动力。

小记者感言

感动在心间

近日，我在大江晚报记者老师的带领下，来到了黄果山小区一位老党员——张龙云奶奶家中采访。张奶奶1940年出生于芜湖，说起小时候的辛酸往事，奶奶的眼里泛起泪花。幼年时，她的母亲因病去世，父亲撑起了家中的天。年少懂事的她进入了芜湖纺织厂工作，对知识的渴望让她结束了白天辛苦的工作后，晚上还要赶往夜校学习。困难没有打败这位坚强的小姑娘，积极要求进步的她于1958年入团，1959年入党。她在自己的岗位上尽己所能，兢兢业业，勤勤恳恳，充分发挥了一名共产党员的模范带头作用。

采访过程中，最让我感动的是奶奶说起自己入党时的那一幕。奶奶拿出一面叠得整整齐齐的党旗，面对党旗重温着当时的入党誓词。她眼里闪着坚定的光，让我的心灵为之震动。我看到了一名共产党员的无私大爱。面对着鲜红的党旗，我不禁默默提醒自己：身为新时代的少年，我一定要好好学习，传承红色精神，为祖国建设贡献自己的力量。

芜湖小记者　吴诺

绿影小学四（4）班

一老一少两位宣讲员的相遇

芮娟 摄

一位是朝气蓬勃、昂扬向上的优秀少年，一位是党徽闪耀、坚持公益的“芜湖好人”。当两者相遇，会碰出什么样的火花？近日，来自狮子山小学的芮紫菡以芜湖小记者的身份采访了弋江区中央城社区第二党支部书记田传广。回忆入党经历、畅谈党群关系、共读伟大长征精神……一老一少既思过往又谈将来，共同珍惜如今美好生活。

“我是1973年4月在企业入党的，那时刚参加工作不久，感觉无比庄严、神圣。”对于一名党员来说，不论党龄长短，一定会将入党的那一刻铭记于心，田传广也是如此。当时，刚工作2年多的田传广在原芜湖市无线电三厂从事思想政治工作，因工作踏实，积极要求进步，递交入党申请书后的他，很快就被批准入党。自此，田传广便以共产党员的标准严格要求自己，无论是在生产一线担任车间主任，还是在团委、办公室、工会等岗位工作，他都处处起到模范带头作用。1995年，正是国有企业最困难的时期，田传广不惧艰苦、敢于担当，被调到当时的芜湖市电子管二厂担任厂长，因出色地完成维稳、改制工作，又被安排兼任芜湖市经纬毛纺织厂厂长。后来又在市企业联合会担任副秘书长，为众多企业的发展、帮助品学兼优的困难学生继续做好服务。

2012年，田传广正式退休。可不忘初心的他积极发挥余热，又投入社区建设和公益活动中。在中央城社区，他不仅担任矛盾调解员，“化干戈为玉帛”；还组建了中央城“啄木鸟”巡逻队，把党员志愿者活动与党组织微创投项目结合起来，助力美好社区建设。多年来，在田传广的带领下，巡逻队定期巡查小区门面商户证照情况、非机动车乱停放问题、夜间消防安全隐患等，为小区平安和谐作贡献。疫情期间，巡逻队更是每天根据最新情况用“小喇叭”播放防疫“顺口溜”，受到广大居民一致点赞。多年来，田传广还自费印制了5000份有关节约粮食、保护环境、健康饮食及孝亲尊师等中华传统文化的公益广告单发放给市民，并在社区、学校进行宣讲，以身作则感召身边人，将公益事业进行到底。

“对粮食困难问题，我们有着刻骨铭心的记忆。但现在有些年轻人浪费粮食很严重，令人痛心。多年来，我倍加珍惜粮食，也很注重对优秀传统文化的弘扬。”回忆过往经历，田传广赠送了一本《孝子警官日记》给芮紫菡，并一再叮嘱成绩优异、谦虚懂事的紫菡多读好书，多听革命故事，多了解中华优秀传统文化，孝顺父母、尊敬长辈，奋发向上，不负期望。“田爷爷，我记住了！”认真点头的芮紫菡行了个标准的少先队队礼，声音响亮有力！

69岁的田传广政治立场坚定、理论知识深厚、宣讲经验丰富，是弋江区今年成立的专业党史宣讲队伍——“星火”宣讲团宣讲员。就读于四年级的芮紫菡热爱演讲和朗诵，今年被聘为芜湖市博物馆百人红色宣讲团宣讲员、“党的故事我来讲”芜湖市红领巾讲解员。采访活动的最后，一老一少两位宣讲员特意手捧着一本《中国共产党简史》齐声共读，铿锵有力的朗读声，鼓舞人心，催人奋进！

记者　芮娟

记者手记

一名党员就是一面旗帜

已近古稀之年的田传广虽然满头银发，却身体硬朗，精神矍铄，声音洪亮。他爱说能说，不仅走进社区、学校宣讲通俗易懂的党史故事和中华优秀传统文化知识，还敢于直接劝导乱扔垃圾、不珍惜粮食的市民，做文明城市的捍卫者。

“一名党员就是一面旗帜，行动是最有力的带动，示范是最鲜明的垂范。”田传广坚持“光盘行动”、绿色出行，他带头义务巡逻、捡拾垃圾。在中央城社区，越来越多的党员、普通群众如他一样，积极主动加入志愿服务队伍，身体力行助力美好社区建设。

作为芜湖市优秀党务工作者，田传广常怀感恩之心：“我真心地感谢党的培养，我将永远感党恩、听党话、跟党走。”

小记者感言

立志做新时代的优秀少年

6月一个阳光炙热的下午，放学后的我跟随大江晚报记者芮娟老师一起去采访老党员田传广爷爷。一路上，我既紧张又兴奋，这可是我成为芜湖小记者后的第一次正式采访。

当我们走进中央城社区党员活动室时，真没想到满头银发、和蔼可亲的田传广爷爷早已在此等候。他亲切地拉着我的手，和我说着话，让我紧张的情绪一扫而光，我们的采访就在这样一个轻松和谐的氛围中进行着。

田爷爷年近七旬，是一位有着48年党龄的老党员。在采访中，田爷爷关于节约粮食的一番话特别让我感动。“紫菡，别看我们现在物质生活越来越好，但是我们中华民族勤俭节约的传统美德永远不能丢啊！”

“共产党员要严格自律，觉悟高，敢担当，关键时候能站出来，一名党员的先锋模范作用就是要在平时点点滴滴的小事中体现出来。”田爷爷是这么说的，也是这么做的。他原来一直在工厂工作，在生产一线、行政岗位都曾发光发热；也曾担任厂长，为企业改制、平稳过渡作出了贡献。2012年他光荣退休，仍然发挥余热，在社区发挥着一名共产党员的先锋模范作用。

采访归来，我的心情久久不能平静。从田爷爷朴素的话语中，我感受到一名老党员的赤胆忠心和奉献精神，也激励着我一定听党话、跟党走，好好学习，立德立志，努力做新时代的优秀少年。

芜湖小记者　芮紫菡

狮子山小学四（2）班

时刻牢记誓言的志愿军老兵

倪绍闻　供图

“我叫倪绍闻，1956年12月入党，我最想对党说的一句话就是——我一定会为共产主义奋斗终身！”

2021年6月，在采访抗美援朝老战士倪绍闻时，当他穿着当年中国人民志愿军的军装，腰杆笔直地说出这句话时双目炯炯有神，让人想不到这是一位已88岁的老人。看着他挂在胸前的多枚留下岁月印迹的勋章，让人不禁肃然起敬。

1950年，原籍浙江的倪绍闻在上海读中学，得知抗美援朝战争爆发后，和众多满怀热血的青年一样，17岁的他义无反顾地选择了参军。倪绍闻说：“我生于旧社会，能深深感受到共产党是真正为老百姓好的，当时听到动员，我们许多同学都选择跟着党走，保家卫国。”因为有一定文化，倪绍闻成为一名需要懂数学计算的炮兵。1952年9月7日，他永远不会忘记。“就像军歌里唱的一样，雄赳赳气昂昂，跨过鸭绿江。”说着说着，倪绍闻不禁唱了起来，“就像发生在昨天一样——忘不了。”

对于自己参加过抗美援朝战争，倪绍闻总是轻描淡写：“我没有什么功绩，真正有功绩的是那些永远倒在那块土地上的战友们，他们才是真正的伟大。”倪绍闻最深的印象就是朝鲜冬天非常冷，有时候衣服湿了也不能烘干，干粮也不能生火热一下，以免暴露目标。倪绍闻的老伴至今还保存着一双他在战场上穿过的翻毛大头皮靴，里面是棉绒。倪绍闻说：“一直没怎么穿，也没舍得扔，留个念想。”在经历过血与火的考验后，倪绍闻对党的感情更深。1956年，倪绍闻光荣入党。

朝鲜停战后，倪绍闻随部队回到国内，并服从组织安排在尚志县驻扎。1978年他离开部队转业到地方，根据政策，倪绍闻的老伴当时不能跟着回上海。有人劝倪绍闻：“你去找找组织，想想办法。”对此，倪绍闻说：“有这种困难的不是我一个人，到哪里都一样，还是要继续为建设国家出力。”于是，他带着家人选择来到安徽芜湖，他说当时一方面考虑离老家近一点，另一方面也听说安徽建设需要人，就过来了。

到了芜湖后，倪绍闻依然服从组织安排，和妻子各自到了企业工作，勤勤恳恳。即使退休多年，熟知他们的老人还是会竖起大拇指：“觉悟真高。”倪绍闻的子女也是靠自己参加招工进入企业工作，后来在企业改制大潮中，他们陆续下岗。倪绍闻教育子女，只要能吃苦肯定有路走，于是他的子女选择了再就业或创业。

虽然88岁了，倪绍闻还是和以前一样，只要组织上需要就积极响应。近年来，倪绍闻成为一名社区红色宣讲员，“我目睹新中国的成长壮大，亲身体会了新旧社会的差别，对党无比崇敬、无比感恩。红色宣讲员算不上什么职务，但对我来说责任重千钧”。

记者　吴敏

记者手记

往事历历在目　信仰薪火相传

在抗美援朝老战士倪绍闻家，他说起往事历历在目。对于一位88岁高龄、有着65年党龄的老人来说，为什么他能记得这么清楚？我想，这应该就是一位老党员的觉悟——希望为共产主义奋斗终身的信仰薪火相传。

当日，小记者马启成和记者一同采访倪绍闻时，能看出来倪老非常高兴。当马启成用稚气未脱的话语问起倪老怎么参加志愿军、怎么入党等往事时，倪老亲切地拉着马启成坐在身边，事无巨细地回答，他担心自己有乡音马启成听不清，有时候还多次重复。结束采访后，倪绍闻郑重地对马启成说："一定要努力奋斗，你们是党和国家的未来。"看到马启成认真地点头答应，老人方才欣慰地笑了。

在老人家里，那双他曾在抗美援朝战场上穿过的翻毛大头皮鞋已非常老旧，但老人还珍藏着，没事的时候会拿出来看看。这些信仰坚定、朴实无华的革命前辈，他们要的不是名利，而是殷切地希望我们这些后来人，不忘来时路，坚定跟党走。

小记者感言

铭记，就是最好的致敬！

作为一名少先队员，同时也是一名芜湖小记者，近日，我很荣幸地采访了参加抗美援朝的老党员倪绍闻爷爷。

我带着激动紧张的心情来到了倪爷爷家，倪爷爷的家简单朴素。看到88岁高龄的倪爷爷满脸慈祥的笑容，我原先紧张的心情立刻放松下来。倪爷爷身着当年的志愿军军装，胸前挂着的军功章显得格外耀眼。

我怀着崇敬的心情代表绿影小学三（5）班的少先队员们，给倪爷爷系上鲜艳的红领巾。通过采访我们知道了，倪爷爷17岁就入伍，19岁参加抗美援朝战争。虽然抗美援朝战争已经过去几十年，倪爷爷却对往事记忆犹新。回忆起军旅生涯，他仿佛瞬间回到了那段戎马岁月，双眸中闪烁出坚毅的光芒，语气也变得慷慨激昂、意气风发。

听着倪爷爷那段出生入死的经历，我的身心受到了深深的震撼。今年是中国共产党成立100周年，每一位像倪爷爷这样的老党员都值得我们尊敬，没有他们的浴血奋战，就没有我们今天的幸福生活。穿上军装，他们曾是战士，脱下军装，他们仍是英雄。作为少先队员的我们，铭记，就是最好的致敬！让我们铭记这段历史，铭记每一位像倪爷爷这样浴血奋战的英雄。我们要以他们为榜样，做新时代的好少年！

芜湖小记者　马启成

绿影小学三（5）班

在战火中入党　用一生去践行

舒芹　摄

近日，记者和北塘小学四（3）班的小记者吴晟睿同学来到老党员阚立老人家楼下时正下着雨，远远地看见一位老人怀中抱着一个袋子走来，衣服有些湿，怀中的袋子却被保护得完好。他就是阚立老人，他刚去社区开会并借了一面党旗回来，他说想给小记者讲讲党史，讲讲党旗的意义，怕雨水会淋湿党旗，所以用袋子包好一直抱在胸前。

阚老今年78岁，党龄已超过50年。1967年，在战场上入党的那一幕，阚老说他永生难忘。18岁入伍，当过无线电兵、侦察兵、炮班副班长，1965年下半年，向往党组织的他递交了入党申请书，经过一年多战场上的生死考验，1967年，阚立的入党申请被批准。

1967年7月1日，战地条件十分恶劣，因为容易暴露目标引起敌军轰炸，阚立所在部队没有帐篷，没有营房。那天，战士们在战壕里站成一排，在坑洼的土壁上插着一面党旗，在指导员的带领下，他们右手握拳，宣读入党誓词。周遭一片灰暗，却掩盖不住他们心中的火热与光明。在那样特殊的环境里，在保卫世界和平的战场上，成为一名光荣的共产党员，那一幕场景令阚老刻骨铭心。

一朝入党，一生为党。自从入了党，阚立对自己的要求更加严格，从部队退役后，他被分配在芜湖火车轮渡所工作，后又在铁路技校任职，先后多次被评为先进个人、优秀共产党员、优秀教育工作者。

退休后的阚老投身到社区工作中，继续发挥余热。十多年来，他一直担任镜湖区赭麓街道建杨社区党支部书记、社区关工委执行主任。他创办了镜湖区第一个“五四”爱心学校英语辅导班，劝导辍学儿童返学。他给自己立下规矩，每月对留守儿童、流动儿童、家庭困难儿童进行家访……近年来，阚立被评为市级先进党务工作者、市级关工委“五老”先进个人。

记者去采访的那天是周五，第二天周六又是“五四”爱心学校英语辅导班上课的日子，由于安徽工程大学的大学生志愿者要准备期末考试不能来上课，阚老就提前发微信通知家长们。阚老说，他手机里有好多个微信群，那是他和社区党员、困难家庭联系的桥梁。有些家长不认识字，他有时发语音，有时电话通知，总要一个个通知到位。每周六一早，他都会提前赶到爱心学校，给孩子们开门、烧水，等候孩子们的到来。他说，这些孩子虽然家中各有各的困难，可他们非常懂事，能帮到他们，为他们尽一份心，他非常开心。

阚老还经常给年轻人上党课，讲党史，对社区要求进步的年轻人，他要求他们先学习党章，从思想上了解、认同共产党，才有资格去写入党申请书。当天下午面对小记者的采访，阚老认真地和吴晟睿同学讲起了党旗的意义，还告诉小记者也要从小学党史。阚老说：“学习党史，你们能更加了解中国共产党为什么伟大，从小树立坚定的信仰，做革命事业的接班人!”

记者　舒芹

记者手记

信仰和爱的交流与传承

接受采访前，阚老做了很多准备，不仅特地去社区借来了一面党旗，还将多年前的老照片整理了出来，拿给小记者看。

那些照片很多是阚老当兵时拍摄的。那时的他才十八九岁，风华正茂。他把青春献给了部队，那是他一生中最珍贵的记忆。他指着一张张照片，讲着背后的故事，小记者听得入神，偶尔发问，那些故事背后所蕴含的对信仰的坚定、对党的赤诚、对祖国的无比热爱之情在两代人之间流淌。

采访结束时，阚老将我们送出门外，又对小记者吴晟睿说："来，给爷爷抱抱。"话音刚落，吴晟睿过去紧紧抱住了阚爷爷："爷爷，我会常来看您的！"这不仅是一次小记者对老党员的采访，还是两代人之间信仰和爱的交流与传承，会深深印刻在小记者心中。

小记者感言

血染的入党申请书

近日，我跟随大江晚报记者舒芹老师采访了优秀党员阚立爷爷。阚爷爷今年78岁，戴着一副黑色的眼镜，脸上挂满笑容，和蔼可亲。一进家门，映入眼帘的就是他家的墙上贴着的"芜湖市最美家庭""优秀党员"等奖状，这是阚爷爷多年来获得的荣誉。

采访中，阚爷爷拿出一面党旗，向我介绍了党旗的意义。阚爷爷问我："你知道党旗为什么是鲜红色的吗？"我说，那是因为它是无数先辈前仆后继用鲜血染红的。阚爷爷点点头，给我讲了一个他战友的故事。

阚爷爷的战友叫王永志，牺牲时年仅18岁。阚爷爷陷入深深的回忆中……1967年11月8日，一次美军战机轮番轰炸中，王永志头部、胸部多处受伤，但他一直坚守阵地，直到美军战机飞离。战友们将他抬到安全地带，只见他嘴唇苍白，微微颤抖，战友们以为他口渴，拿水给他喝，但王永志轻轻地摇着头，用颤抖的手指着军装的左口袋，指导员似乎发现了什么，打开他的口袋，里面是一本血染的毛主席语录，中间夹着一张入党申请书，已被鲜血浸透。见入党申请书已经上交，王永志微微一笑，闭上了双眼，再也没有醒来。当时整个战场一片宁静，空气就像凝固了似的。几天以后，王永志被追认为中国共产党正式党员、革命烈士。说到这儿，阚爷爷眼中已泛着泪花。

阚爷爷放心，我们一定会肩负起“少年强则国强”的时代重任，脚踏实地，刻苦学习，树立理想，增长本领，将革命精神传承下去！

芜湖小记者　吴晟睿

北塘小学四（3）班

新闻战线奋斗三十余年
党员记者初心不改

顾娅　摄

这是一次特殊的采访，不同年龄段的三位记者坐在了一起。作为记者的我带着来自镜湖小学的优秀小记者黄思语，走进了已经退休的老媒体人杨成文的家中。老党员杨成文打开了珍藏的红色锦盒，一枚“从事新闻工作三十年”荣誉证章与他胸前的党徽一样熠熠生辉，这是党员记者杨成文三十余年为新闻工作奋斗获得的特殊荣誉。

杨成文早在1985年就提交了入党申请书，虽然当时未能入党，但在他的心中信仰早已坚定。在原芜湖县广电中心当记者的时候，他就按照共产党员的标准严格要求自己，不惧艰险冲在新闻一线。杨成文在1995年如愿入党，成为一名党员的他，在此后20余年的工作中更加严格要求自己。

杨成文给小记者说起了他年轻时参与抗洪抢险报道的往事。那是1998

年特大洪水暴发时，芜湖县汛情严峻，已经破了几个圩，杨成文扛着摄像机来到抗洪抢险一线——横岗镇花桥附近的联建圩，他跟随武警战士的冲锋舟搜救破圩后被洪水围困的百姓。夏季炽烈的阳光将救援人员的皮肤晒得发红、疼痛，而扛着摄像机的杨成文的身上也早已被汗水浸湿，“党员，就是要始终把人民群众的生命利益放在第一位”。他随着武警战士的冲锋舟抢救出站在屋顶、高坡上呼救的村民，将他们妥善送至安全处，也拍摄下众多宝贵的一手影像材料。

为了拍摄到更多的新闻画面，夜里，杨成文就睡在临时安置的会议室中，条件简陋、蚊虫成群，连通信都中断了，当时杨成文的上级甚至以为杨成文失踪了。他安全回来后，带回了宝贵的一手素材，制作出生动感人的抗洪一线报道，他的敬业精神得到了领导和同事们的真心赞扬。杨成文也在当年被评选为全省广电系统抗洪救灾先进个人。

之后从事党务工作时，作为老党员，他关心年轻党员的思想教育工作，每当他们遇到难题、困惑时，他就主动和他们谈心，用自己的经验帮助年轻人化解难题。

退休后，有着宣传工作和党务工作经验的杨成文来到镜湖区荆山街道凯旋社区关工委，发挥自己的余热，关爱辖区孩子，尤其是处于困境的儿童。他经常利用周末，组织志愿者为辖区留守儿童、困难儿童进行一对一的辅导。他联系爱心企业，为辖区20多名困难儿童送去书包、文具等爱心物品，平时还经常和留守儿童们沟通谈心，对他们的心理进行教育疏导。他还发挥自己所长，深入乡镇为通讯员讲授新闻写作常识等。

2020年汛期，他主动来到荆山街道：“你们防汛工作人手不够，让我来顶一个！”每天从早晨6点到晚上6点，年过6旬的杨成文参与值班、巡堤，用实际行动践行着一位老党员的初心。

记者　顾娅

记者手记

一份嘱托　一个承诺

采访中，小记者黄思语认真聆听、频频点头。从黄思语妈妈的口中，记者了解到这位小记者不仅成绩优秀，更热心公益。去年7月，他用自己的零花钱购买食物和水，送给无为大堤上抗洪抢险的人员。他还用自己的压岁钱资助云南一位家庭困难的姐姐完成高中学业。平日里，他还与盲校的盲童们做朋友，为他们提供力所能及的帮助。

听到小记者做了这么多关爱他人的好事，老党员杨成文从心里感到高兴，他拉着黄思语的手，说出了自己的期待："做人要学会感恩，我们服务别人的同时，别人也在为我们服务。希望我们的小记者在大江晚报记者、编辑老师的指导和全社会的关心爱护下，茁壮成长。同时希望用你们的童心与独特的视角，去发现有价值的新闻线索，挖掘新闻事实，写出更多更好的新闻报道，弘扬正能量，让我们的芜湖更加美好。"

黄思语也向老党员、老记者作出了自己的承诺：一定好好学习，关爱他人，今后尽自己所能帮助更多的人。

小记者感言

小记者采访老记者

炎热的夏季，骄阳似火。大江晚报的顾娅老师带我去拜访了退休的新闻媒体人杨成文老师。

在1998年的汛期中，为了获得抗汛抗洪第一手资料，杨爷爷不顾自己的生命安全，来到横岗镇，和武警战士一起，坐在冲锋舟上，扛着沉重的摄像机，搜寻被困在洪水中的老百姓。炎热的天气，还伴有蚊虫的叮咬，汗水湿透了衣服，他却以一个共产党员的身份冲在最前面，拍下了一幅幅感人的画面，留下了大量的抗洪抢险的宝贵资料。

退休以后，他发挥余热，仍然活跃在社区工作里，担任了凯旋社区关工委执行主任，关注留守儿童的学习和生活。

杨爷爷还是一个风趣、幽默的人，喜欢打牌、钓鱼，把自己的人生过得很精彩！

临近采访结束，杨爷爷还给我写了寄语。我和杨爷爷依依不舍地话别，那一刻，我仿佛有了前进的方向！今后我要更加努力学习，长大了也要成为一名光荣的共产主义接班人，把我们的祖国建设得更加繁荣富强！

芜湖小记者　黄思语

镜湖小学四（6）班

一家三代七位党员　红色精神代代传递

程茜　摄

62岁的老党员江枝庆仍然在发挥余热，这位曾经的“工匠骨干”如今在芜湖邢家山社区关工委工作。面对来访的小记者王孜宸，江枝庆讲起了他的入党故事。

江枝庆清楚地记得，他在1988年5月1日入党，时年29岁，是芜湖市园林管理处的一名技术工人。江枝庆的父亲是抗美援朝的老战士，“父亲是我的榜样，他非常重视红色传统教育，我从小就知道自己‘生在红旗下，长在新中国’，要做好革命的接班人”。从上一代算起，江家三代人出了七名共产党员，包括他的弟弟、弟媳、女儿、侄女等。每一个人都以党员身份严格要求自己，在工作与生活中勇于奉献当表率。

走上工作岗位后，江枝庆受到父亲的影响，爱岗敬业。“做技术工人时，我干过两个工种，一是油漆工，二是字牌匾工人。”两者各有辛苦之处，油漆工必须穿着工作服，字牌工需要精细的手艺，要不断学习。作为党员，江枝庆不怕脏不怕苦，且勤学上进。“那时单位有个老师傅看我好学，就教我字体的雕刻，还教我把大理石敲碎，用细末作为填充的装饰材料。”凭借努力与勤奋，他很快就成为单位里独当一面的技术骨干。

2013年，提前退休的江枝庆来到城东社区工作，2019年因为区划调整，他又到了邢家山社区关工委。经常和孩子打交道的他，对这次的“双百行动”赞不绝口，回想起4月底的活动启动仪式心情依旧激动，“你们来采访我，是我的荣幸，也是我们的缘分”。

多年来，邢家山社区关工委开展了很多红色主题活动，这也是即将开始的“暑期三结合”的重头戏。“最近社区举办了一个讲座，学党史、讲长征，把长征的过程和意义都讲给孩子们听，让他们感受、学习其中的智慧、勇气、大义，很多孩子听得津津有味，都深受感动和鼓舞，下一代需要这样的红色洗礼。”在社区开展的红色征文比赛中，江枝庆也看到了很多孩子的作文，“字里行间用词用语虽然稚嫩，但那份对党对国家的真情是最珍贵的”。

记者　程茜

记者手记

他又一次戴上了红领巾

江师傅是个很感性的人，采访过程中，他两次红了眼眶。第一次，是回忆起父亲带给他的影响，时光荏苒，老父亲已逝去，但他的红色精神，毕生坚守的朴素又高尚的信念，将一代代传递下去……它的影响超越了时间与空间，这令人欣慰又感动。

第二次，是小记者王孜宸给他戴上红领巾的时候。江师傅笑了一下，眼睛又湿润了，“没想到过了50多年，我又一次戴上了红领巾”。江师傅很喜欢小孜宸，就像一位爷爷，轻轻揽着孩子的肩膀，问小孜宸的校园生活，回答他的种种问题。后来，又不放心似的，拿过一张白纸，认认真真地记下孩子的姓名、学校和班级。“暑假要是有时间，来爷爷这里参加活动，爷爷随时都欢迎你。”小孜宸也非常懂事，言谈有礼貌，提问大方有想法。看着这一老一少，因红色教育结缘，记者也觉得很感动。

“孩子，我就是个普通人，不是科学家，不是将军，做不了什么大成就。但是我入了党，就有了信念，有了支撑，就想着一定要完成工作任务，要尽我所能为人民服务。你以后的路还很长，要好好学习，用自己的知识与行动为祖国贡献力量。”老党员江枝庆的话，小孜宸记住了。

小记者感言

在平凡岗位铸就不平凡

2021年是中国共产党建党100周年，我有幸参加了芜湖市关工委和芜湖传媒中心主办的百名小记者采访百名优秀党员活动，我采访的是邢家山社区的江枝庆爷爷。

江爷爷和蔼可亲，没有我想象中的严肃。初次相见，我还比较腼腆。江爷爷亲切地走到我身边，牵起我的手，拍着我的肩，慢声细语地询问我的姓名、就读学校、最近的学习生活等情况，一下子舒缓了我的情绪，拉近了我们彼此之间的距离。

来到社区办公室，我们面对面坐下，直接进入采访环节。我问江爷爷：“爷爷，当初您为什么会入党啊?”江爷爷毫不犹豫地说：“当初入党没有多想，只是一心想为人民服务。想为国家出一份力。”

我又接着问：“您从递交入党申请书，到最终加入党组织经历了多长时间?其中的心境如何?”“经历了两年的时间。当我正式入党之后，我的心情是激动的。我的工作岗位当时比较平凡，我就下定决心，虽然平凡，但不能平庸。我要在自己的工作岗位上全心全意为人民服务……”

采访结束后，爷爷再次拍着我的肩，鼓励我好好学习，珍惜现在的幸福生活。我也感到非常高兴，很荣幸有机会能够采访江爷爷。这次采访，让我更加感受到了江爷爷当时入党的坚定信念。长大后，我要以江爷爷这样的老党员为榜样，在平凡的岗位上铸就不平凡。

芜湖小记者　王孜宸

安师大附外城东校区四（7）班

教书育人无怨无悔　发挥余热关爱后辈

顾娅　摄

对于教龄40年、党龄35年的退休教师吴显君来说，“教育”这两个字在他的生命中分量极重。是“教育”改变了他的命运，让他从落后贫困的农村中学走了出来。也是“教育”，让他成为一名人民教师重新回到农村中学，用一生的不辞辛苦、教书育人帮助更多的孩子改变命运，拥有更好的人生。“学校，是培养人才的地方，国家的发展离不开一代代有知识有文化的青年人的奋斗，我们要做的就是为国家培养更多的可用之材。”朴实的话语中，饱含一位老党员历久弥坚的初心。

近日，来自瑞阳小学品学兼优的小记者居瑄与记者一起，来到了老党员吴显君的家中。老党员拉着小记者的手，动情地讲述过去的故事，那些往事也触动着孩子的心。

“我们小时候家里很困难，能吃上一碗酱油拌饭就是幸福的事了，我当时是新义中学的首届学生，学校只有24个学生，23个男生、1个女生，校舍是低矮平房，条件很差。”求学时吴显君成绩不错，中学毕业通过努力他考上了师专，后来又通过考试取得了专科学历，有了更好的前途，他却选择回到母校新义中学做一名人民教师，并光荣地加入了中国共产党。

“知识改变命运，这是我亲身体会到的，只有教育才能让更多孩子改变命运，选择做教师，我无怨无悔。”作为一名党员，年轻时的吴显君在教学中处处带头，常常学习到深夜一两点，只为充实自己、提高教学水平。“白天上课，有时晚上还要花几个小时手刻油印试卷，为了节约纸张，我一张草稿纸都要先用铅笔演算题目，再用蓝色笔，最后用红色笔，让它充分发挥作用……”回想起那些艰苦的岁月，吴显君显得有些苦涩，而提到自己教的学生有出息了，他的脸上又绽放了笑容。

“我们学校大部分孩子家庭条件都不好，但是他们很用功，我就让他们晚上放学迟些走，早上早些来，抽出时间给他们辅导功课。有的孩子后来考上了重点高中，现在很多人都有了自己的事业，过得很好。”退休后，有时候走在路上，遇到以前的学生，学生恭恭敬敬地鞠个躬，叫一声“恩师”，吴显君的心里既感动又有些遗憾，“我时常想，当时要是再多努力一些，就能培养更多的孩子，让他们有更好的出路”。

年轻时无怨无悔地教书育人，退休后吴显君也闲不住，他来到白马街道关工委工作，为困难学生争取助困金，为辖区群众宣讲党史，为街坊邻里做义务调解员，看到乱象他总要管一管，看到困难他总要帮一帮。“我们要珍惜今天的美好生活，作为一名党员，工作时要踏踏实实，生活中起模范带头作用，走到哪里都是一股正能量！”

采访结束后，吴显君拉起小记者居瑄的手，亲切地叮嘱她：“要树雄心、立大志，刻苦学习，为祖国建设贡献自己的一份力量。”小记者郑重地点头承诺。

记者　顾娅

记者手记

忆苦才能惜甜

“虽然我退休了，每月拿着几千元退休金，儿子儿媳生活条件都很好，可就是掉了一粒黄豆，我都要捡起来吃掉。过去连自行车都不敢想，现在我也开上了汽车，如今的日子多好啊，这样的好是多少人奋斗牺牲得来的，真是来之不易，我们都要懂得珍惜。”采访中，吴老师的一席话让我久久不能忘。

那么多先辈前赴后继地奋斗、流血、牺牲，不就是为了中国的孩子能过上今天的好日子吗？作为教书育人一辈子的退休教师，吴老师看到崭新的教学楼拔地而起，学生们的学习条件有了天翻地覆的变化，他的心里有说不出的甜。他最希望的是让现在的孩子们多听听过去的红色故事，了解革命先辈的事迹。“年轻人只有知道曾经的苦，才能倍加珍惜今天的甜，继而立志继续努力奋斗，接好革命的班。”

小记者感言

听吴爷爷讲过去的故事

我是一名三年级小学生，也是一名小记者，此次我采访的吴显君爷爷是一位有着40年教学经验的老党员。吴爷爷说，他们参加工作的时候，学校的学习环境很差，教室的窗户都是用塑料膜做的，一到冬天教室里面特别冷。到了下雨天光线也很差，学生们放学后还要帮家里干农活。

虽然学习环境很差，但是他们都很珍惜在学校学习的机会。当时班级有一位男生学习特别刻苦，但是家庭条件困难，连学费都交不上。课后，在吴爷爷无偿地悉心教导下，这名学生考上了重点高中。吴爷爷说到这里的时候，我忍不住地为他鼓掌，吴爷爷却说："我是一名人民教师，更是一名党员，我只是做了力所能及的事情。"

采访快结束时，吴爷爷对我说："你们一定要珍惜现在的生活，把老一辈的优良传统传承下去，好好学习，为祖国的建设贡献自己的一份力量。"我不住地点头，牢牢记住吴爷爷的话。

芜湖小记者 居瑄

瑞阳小学 三（1）班

年过八旬　她依然有颗火热的心

吴敏　摄

染黑的头发略微烫过，衣着得体，走路轻快，如果不是俞勇娣自己介绍，谁也想不到她已经81岁了。虽然已是耄耋之年，但党龄61年的她依然有一颗火热的心。作为荷塘社区关工委执行主任，俞勇娣恨不得每一天都将精力放在社区的公益事业上。

俞勇娣告诉记者，她是上海人，“家里兄弟姐妹多，我6岁的时候，跟着姐姐去帮人加工茶叶，挣一口饭吃。直到新中国成立后家里的生活条件才逐渐转好，在党和政府的关心下，哥哥姐姐工作也陆续有了着落，我也有了读工会夜校学知识的机会，当时就觉得生活越来越有奔头，与新中国成立前相比，真的是一个天一个地”。

20世纪50年代末，俞勇娣响应国家号召，来到芜湖支援建设。由于表现突出，20岁就加入中国共产党，光荣地成为一名党员。1973年她还被选为芜湖市妇联主席，后来又走上企业领导岗位。回顾这一切，俞勇娣感触颇深："我是一个穷人家的孩子，曾经最大的理想就是能吃饱饭，没想到在党的培养下，我能一步步成长，所以在工作期间我不敢懈怠，退休后我就想着还要做些事情，才能对得起党的恩情。"

退休20多年来，俞勇娣一直在社区为了公益事业奔忙，特别是在社区文化建设、关心老人以及妇女儿童方面做出了许多成绩，在关心未成年人方面也付出了极大的热情和心血。为了解决辖区困难家庭子女、留守儿童、流动儿童的课业辅导难题，俞勇娣从2008年开始开办"五四"爱心学校，联合安徽工程大学的优秀大学生志愿者走进社区一对一地进行义务家教活动。13年来，有547名孩子受益，累计义务支教15000多个小时。她积极组织开展各种形式的思想道德教育活动，如感恩教育、"学雷锋"实践活动、"传承红色基因 放飞中国梦"征文比赛等。她本人先后获得芜湖"五老"网吧义务监督工作先进个人、芜湖市最美"五老"、"镜湖之星"等多项荣誉称号。

对于取得的成绩和外界的褒扬，俞勇娣非常谦逊："我文化不高，能力不强，但是我知道是党给了我幸福生活，给了千千万万中国人民幸福生活，所以我要活到老干到老，尽可能地为党分忧，我会坚定不移地跟党走。"

记者 吴敏

记者手记

永远跟党走 感动身边人

年龄81岁，党龄61年，退休多年仍坚持在社区奉献，老党员俞勇娣的事迹让记者动容，她说要永远跟党走，生命不息，奉献不止！这就是一个老党员的情怀。

为了不显老，俞勇娣总是染黑头发。她说："为了得体是一方面，更重要的是不显老，工作时让别人不用为我的年龄担心。"今年81岁的老人，本该颐养天年，但是她却不服老，只愿"尽可能为群众多做点事"。

孩子担心她一个人住不能及时照顾，将她接到新小区一起住，俞勇娣不愿辜负了孩子的好意，但搬过去后仍坚持每天乘公交车到荷塘社区服务。相信不管是荷塘社区的居民，还是"五四"爱心学校的孩子们，抑或是当日去采访她的小记者，他们从内心深处一定能感受到一个共产党员的平凡与伟大。

小记者感言

尽己所能帮助更多的人

近日，我作为芜湖小记者到荷塘社区采访老党员俞勇娣奶奶。当我来到荷塘社区时，俞奶奶已早早在社区为爱心学校里的学生服务。通过和俞奶奶的交流，我才知道她原来是这么优秀。

俞奶奶告诉我，作为一名共产党员要坚守理想和信念。在2020年疫情期间，她第一时间报名担任社区出入口排查的志愿者，不顾身体劳累，每天工作5个小时，连续工作了41天，她也因此被街道党工委评为"助力先锋"；她参与创办和管理爱心学校，帮助困难家庭的少年儿童，弥补他们家庭教育的不足，引导留守儿童从小树立正确的人生观、价值观，培养留守儿童成长为担当有为的社会主义接班人，为国家建设发展作贡献。

多年来，俞奶奶尽己所能，帮助需要帮助的人。她对我说，没有共产党就没有她的今天，她只是做了一名共产党员应该做的事情。

芜湖小记者　许俊杰

翰文学校四（5）班

不忘初心　让红色精神代代相传

王贻中　供图

66岁的老党员王贻中一辈子教书育人，从人民教师到中学校长，从教育局到关工委，无论身份和岗位如何变化，他始终不忘初心，让红色精神在广大学子中代代传递。

采访当天，王贻中特地调整了工作时间，接待来自北塘小学的小记者邢薛晗。他清楚地记得，自己在1990年5月1日入党，当时35周岁，任芜湖县（今湾沚区）天民中学校长。他说："作为人民教师，要有高的思想觉悟，要向下一代传播知识和正能量；作为校长，更应该以高标准自我要求，带领教师队伍向党组织靠拢。"

2002年开始，王贻中经历了多次工作调动，先后在芜湖县教育局、镜湖区教育局工作，退休后在镜湖区教育局关工委任执行主任。虽然忙碌，他却甘之如饴，“我就是有‘教育’情结，喜欢这种充实的感觉。现在，电脑操作、文档处理、影音处理都能做得很好”。

多年从事教育工作，王贻中对于在“祖国的花朵”中传递红色精神颇有心得。“每年暑假，我们都会开展‘中华魂’‘五好小公民’等系列活动，会灵活运用本地的资源，对孩子们言传身教。”在王贻中看来，王稼祥纪念园、步文亭、繁昌区中分村等，足以构成一幅江城红色景点“打卡地图”。

“让新一代了解红色精神，关键在于引导。”王贻中说，现在到暑假了，家长可以带孩子去红色景点参观，“身临其境、耳濡目染地体验，会让孩子们印象深刻。”同时，教师们在日常讲课时，要注重挖掘教材中的红色精神，“让孩子们觉得，红色精神并不遥远，他们熟悉了、亲近了，自然就懂得了、理解了它的可贵之处”。

在王贻中看来，红色精神就是时代精神，它不分战时与和平、过去与现在。“老红军们不怕吃苦、不畏困难、不怕牺牲的精神，在今天就是教育大家要能够经受挫折和打击，要磨炼自己，要百折不挠。”现在强调的“三牛”精神也是与红色精神一脉相承的。无论哪个年代，学生都要好好学习，劳动者都要爱岗敬业。

记者　程茜

记者手记

令人肃然起敬的“工作狂”

采访那天，老党员王贻中身穿一件笔挺的白衬衣，党徽鲜艳，声音洪亮。虽然已经退休了，但王老师仍在发挥余热。他称自己是“老骥伏枥”，家人称他是“工作狂”。

“我党龄31年，作为一名党员，就是要时时刻刻严格要求自己。工作来了，任务来了，就要做好，不管难不难，都要想办法完成。”王老师现今的生活忙并快乐着，关工委组织的大小活动他都有出力。读书活动、主题教育征文比赛……所有来稿都要归类、登记、编号，事无巨细。“最近的少儿书画大赛‘党是阳光我是苗’，我们收到了500多幅作品，要评出40个一等奖，后续的工作还有很多。”

记者看得出来，王老师真的乐在其中。他从心里感到充实满足，这样的精神颇具感染力，这样的劲头也令人肃然起敬。

小记者感言

喝水不忘挖井人

作为一名小记者，我近日采访了老党员王贻中爷爷。当我们来到采访地点，已经是下午5点多了，老党员看到我们的到来非常高兴，热情欢迎。

我们来到办公室，听王爷爷讲述了他的经历。王爷爷1990年5月1日入党，已经有31年的党龄。他每年都资助贫困学生，还利用本地资源，弘扬红色精神。

喝水不忘挖井人。我们要牢记如今的幸福生活，用感恩的心去回报这些老党员。采访中，我了解了王爷爷的优秀品质，面对学习、生活中的种种困难，要不怕苦、不怕累，发扬党员的优秀品质，勇于克服困难。作为新一代的我们，要不断发扬老一辈的优秀品质，提高自己的素质，将红色精神发扬光大。

恩格斯说过：“谁肯认真地工作，谁就能做出许多成绩，就能超群出众。”只有真正努力了，才能取得成绩。我以后一定会多参加学校的课外实践活动，让自己的见识更丰富、视野更开阔。

芜湖小记者　邢薛晗

北塘小学四（7）班

当“三好学生”遇到“三好学生”

芮娟　摄

一位是年少时收获多张“身体好、学习好、工作好”奖状的兴隆街社区关工委执行主任柳树龙，一位是常被评为“三好学生”的育红小学中队长伍一诺。当新时代“三好学生”遇到老一辈“三好学生”，当优秀芜湖小记者采访优秀老党员，话题不断，收获多多，奋斗、奉献的精神也在传承延续。

虽已经61岁，但穿着黑色短袖T恤、染了头发的柳树龙依然精力充沛、活力满满，看起来一点不像已迈入花甲之年的人。“柳爷爷，您是什么时候递交入党申请书的？到最终加入党组织经历了多长时间？……”面对小记者伍一诺准备充分的采访问题，柳树龙娓娓道来，记忆十分清晰。“我自1980年参加工作以来，总共递交了三次入党申请书，分别是1990年、1996年、1998年，最终于1998年顺利通过了考验，光荣地加入了中国共产党。”回忆起入党的那一刻，柳树龙心潮澎湃。最开始他在老酱油厂工作，当时他一心扑在事业上，对酿造酱油工艺精益求精，工作扎扎实实，是厂里的先进工作者，还曾被评为市“新长征突击手”。

由于当时的企业、户口都位于兴隆街社区，热心的柳树龙还配合社区进行安全检查、开展各种活动。2002年企业改制后，下岗的柳树龙又和几位朋友在鸠江区合开了个酱油厂。虽然单位搬迁，可柳树龙和兴隆街社区的情缘一直未断，下午不忙时他常回社区转转，帮忙整理材料、做些后勤工作。2006年，中山南路街道在兴隆街社区推行居民自治社区议行分设试点，柳树龙被居民一致推举为副主任。虽然只有微薄的补贴，可想到是在为居民做服务，柳树龙格外认真。消防安全检查、社区文体活动、业委会换届、化解邻里矛盾、主动帮助有需要的“三无”老人……社区里处处都有他忙碌奔波的身影。

多年来，柳树龙获得了市关工系统最美“五老”、“弋江好人”、弋江区最美志愿者等诸多荣誉。在兴隆街社区活动室，还展示着柳树龙中小学时期获得的各种“三好学生”奖状。采访时柳树龙亲切叮嘱伍一诺：“你们是祖国的花朵，未来的希望，我们关心着你们的成长。望你们继续发奋学习，不骄不躁，听党的话，茁壮成长！”戴着红领巾的伍一诺认真点头，响亮地回答道：“爷爷，我记住了，请您放心！”

记者　芮娟

记者手记

“便利贴”精神依旧在发光

记者不是第一次采访柳树龙了。早在2015年，兴隆街社区还在中江桥附近老场所办公，记者驻点该社区工作站采访时，曾听到这样一句话：“他真的就像便利贴一样，哪里有需要就贴到哪里，没有怨言，无私奉献。”他就是被社工、居民亲切地称为“便利贴”的柳树龙。那时，社区里有什么事，只要一个电话，热心的他便会随叫随到。

如今6年过去了，社区办公场所焕新升级，记者陪同小记者再次采访，柳树龙已经退休了，可“便利贴”精神依旧在发光。目前，他仍然发挥余热，负责社区关工委工作，用真情爱护下一代，真心实意关心辖区青少年健康成长，使兴隆街社区关工委各项工作逐步形成制度化。“作为一名党员，要不忘初心，担当使命，努力踏实，任劳任怨，处处起到先锋模范带头作用。”柳树龙是这样说的，也是这样做的。

小记者感言

令人敬佩感动的老党员柳爷爷

采访当天，我有些忐忑不安，可等到在兴隆街社区见到柳爷爷，笑盈盈的他瞬间打消了我的紧张感。柳爷爷比我想象中要年轻很多，看上去神采奕奕，他亲切地招呼我坐下，还给我拿了一瓶矿泉水。我们的采访就在这样一个轻松愉快的氛围中进行着。

“柳爷爷，您觉得党员和群众的区别在哪里？您是如何将学习党的理论知识和实践结合起来的呢？……”我按照事先准备好的采访提纲提问，柳爷爷耐心地一一给予了回答。他告诉我，平时除了理论学习，在工作中他会密切联系群众，为群众办实事办好事，一直不忘初心，不怕苦不怕累，解群众之所忧所难。

采访时，我还见到了柳爷爷少年、青年时代一直到如今的各类证书、奖章，他在像我这般大时就获得了市“三好学生”的荣誉。他叮嘱我学习之余，要不忘锻炼身体，一定要茁壮成长。

采访归来，我的心情久久不能平静，敬佩感动涌入心中。作为少先队员的我，要更加严以律己，努力学习，如柳爷爷期望的那样，未来做国家的栋梁！

芜湖小记者　伍一诺
育红小学四（6）班

老电影放映员的“光影人生”

奚璟　摄

今年69岁的老党员殷晓明，曾经是一名优秀的电影放映员，多次被评为省文化系统先进工作者；12岁的黄曼歆颖是南瑞实验学校的一名三年级学生，也是一名小影迷。日前，黄曼歆颖来到殷晓明家，和老党员进行了一次面对面的交流，了解一位老电影放映员的“光影人生”。

1971年，繁昌县电影发行放映公司招聘农村放映员，时年20岁的殷晓明应聘上了，从此走上电影放映人的道路。

20世纪七八十年代，看露天电影是农村非常重要的娱乐活动。那时农村有的村队还未通电，每次放电影都得自带发电机、放映机，再加上每晚两套电影的胶片，全套放映设备一百多斤，都是靠殷晓明和同事一起带下乡。露天放映事业是个辛苦的职业，夏天炎热难耐，蚊虫众多；冬天寒风呼啸，手脚冰凉。一般每次放两部影片，通常第二部放完已经很晚，还要将放映设备整理好。他去过最远的村，离自家有三十多里路，经常回到家都是深夜时分，这就是殷晓明在担任农村电影放映员五年里的工作常态。

20世纪90年代初，电影市场不景气，殷晓明开始和企业合作，送电影下乡，解决农民看电影难的问题。1998年，国家实施电影下乡工程，从中央层面落实电影下乡补贴资金，统一配发放映设备车辆、放映机等硬件设备，每放映一场次电影给予一定的补贴。同一年，殷晓明所在的电影院和繁昌县电影公司及大戏院合并，成立影剧公司，殷晓明担任副总经理，分管农村电影放映。公司配备了2辆汽车，每天晚上有五六台放映机同时送电影下乡，除了在繁昌20个乡镇放映电影，公司有时还去南陵县和弋江区放映电影，受到了老百姓的欢迎。退休后，殷晓明和老伴一起来到芜湖市区，热心的他积极参与社区工作，被选为瑞华苑业委会主任，发挥老党员的余热，参与矛盾纠纷调解。

作为一名农村老电影放映员，殷晓明见证了祖国电影事业的发展，尤其是农村电影放映市场发展的全过程。他感慨地说："现在各大电影院遍地开花，环境也非常好，农村也有了更好的观影条件。"

殷晓明告诉小记者，他的党龄已经有22年了，"我现在的好生活，都是党给的，只要我还走得动，我就会把这些事情继续做下去"。

记者　奚璟

记者手记

继续发挥老党员的余热

记者在采访中发现，殷晓明的工作可以用一个字形容——"忙"。"上午我8点多就去了社区，有两位邻居家有纠纷，我正在帮他们解决。"殷晓明无奈地说，邻里之间的纠纷是小事，但如处理不好，却非常影响心情。

殷晓明自2009年6月搬入瑞华苑社区以来，就默默地服务邻里。他本人是社区志愿服务队的倡导者和创建者，多年来只要邻里之间出现矛盾，他就是调解人，他也因此成为居民信赖的代表，成为社区居委会副主任。在瑞华苑社区，居民们都知道殷晓明是个社区“百事通”，政策咨询、邻里矛盾、物业服务……居民的各种问题总能从他这里得到满意的答复。2016年，殷晓明被选为瑞华苑业委会主任，在这期间，他帮助解决了近300户居民的房屋渗漏问题。今年1月，业委会主任任期届满，由于身体原因，殷晓明辞掉了业委会主任的职务。但他仍然是社区关工委执行主任兼矛盾调解员。在殷晓明看来，社区工作虽然繁琐，却可以学到很多东西，是他在退休后继续发挥余热、最能体现自身价值的地方。

小记者感言

热爱电影事业的殷爷爷

听殷爷爷讲述自己的往事，我得知他过去是一位电影放映员。为了让大家晚上能准时看到电影，他从下午就要开始忙碌，当时农村有的村队未通电，他还得带上发电机。电影放映完已经是晚上十一点，爷爷还要忙着收银幕，收机器，经常忙到半夜十二点后骑自行车回家。在电影播放时，有时候会突然遇到下雨下雪的恶劣天气，也就是在那时候，殷爷爷的脚落下了风湿的毛病。过去看露天电影，夏天被蚊子叮咬，冬天要忍受室外的寒冷。而我们现在能坐在舒适的电影院里，冬暖夏凉，靠着柔软的沙发椅，吃上香甜可口的爆米花，喝着饮料，这些都是靠像殷爷爷这样的一代代电影工作者辛苦劳动、不断奋斗创造出来的。

在那条件艰苦的年代，殷爷爷并没有停止他热爱的事业，在艰苦的环境下参与放映电影几千部。而我在学习上遇到一点难题就想逃避，在生活上碰到一点困难就想找家人帮忙。我应该向殷爷爷学习，迎难而上，努力克服困难，相信阳光总在风雨后！

芜湖小记者　黄曼歆颖

南瑞实验学校三（2）班

年近八旬老党员为社会主义核心价值观谱曲

胡芳 摄

1942年出生的老党员查文义，今年快80岁了，从1962年走上工作岗位到2002年退休，查文义做了40年的教学及教务工作，身边人都亲切地称他为查老师。近日，记者带着小记者一起，采访了老教师查文义。

从芜湖师范学校毕业后，查文义先后在原来的新芜一小和裕溪口车站小学任教，1984年在裕溪口街道教育科工作的时候，他光荣入党。“那个时候特别高兴党组织能接纳我，当时想的就是入党以后，工作一定要更努力更上进，处处要起模范带头作用，做一名真正合格的共产党员。”查文义对记者说。2002年，从大官山小学校长职位上退休以后，查文义将组织关系转到了社区。“我当时的想法是，社区党建事务多，我可以在社区更多地发光发热。”就这样，已经退休的查老师，又发挥自己的特长，为社区出黑板报，写稿子，写宣传标语，干劲十足，忙得热火朝天，并成为社区党委专职副书记和街道关工委常务副主任。

2021年是建党100周年，为了庆祝这一重要历史时刻，查文义做了好几件特别有意义的事情。“社会主义核心价值观24个字，有些人记不住，我想到给它谱上曲，让大家哼出来唱出来。”采访中，查文义哼唱着自己谱曲的社会主义核心价值观，好听又好记。芜湖传媒中心、芜湖市音乐家协会为此还给查文义颁发了芜湖市庆祝中国共产党成立100周年原创歌曲征集优秀奖。查文义还指挥合唱了《没有共产党就没有新中国》，参加社区庆祝建党100周年的活动，反响非常好。作为社区关工委副主任，查文义还来到曾经工作过的大官山小学，给老师们上党课，给孩子们讲述革命先烈的故事。

“现在我的晚年非常幸福，党和政府对老教师非常关心，我们的物质生活和精神生活都很好，感谢党和政府。也衷心希望我们的孩子们，从小不仅要好好读书，也要了解党史、学习党史，真正热爱我们的党，做好接班人。”

记者　胡芳

记者手记

多才多艺的查老师

采访中，最大的感受是查文义老师真是一个多才多艺的人，他带着一身才华，退休后献身于社区党建等工作，无怨无悔，辛勤付出。

为了庆祝建党100周年，查老师画画、作曲、唱歌、指挥合唱、写文章、上党课、讲故事、写书法等。他在《百年抒怀》中写道：“你是不灭的火，熠熠生辉；你是指路的灯，永不迷航；你是冲锋的号，牢记使命；你是高举的旗，永远飘扬在世界的东方！”

老党员查文义才华横溢、满腔热情对党的讴歌，深深感染了我。不管多少岁，不管在哪里，只要有光和热，就要尽情地释放出来，去照亮、温暖身边的人，让这个社会更美好。

小记者感言

和蔼可亲的查爷爷

得知“双百行动”中我采访的是一位老教师，我的心里充满了期待，也觉得非常亲切。见到查爷爷后，我感觉他比想象中更加和蔼可亲。

查爷爷特别有才华，采访中，他即兴给我们唱了三首歌。第一首是我们熟悉的社会主义核心价值观，爷爷将24个字谱成曲，我学会了也要唱给我的同学和老师听；第二首是《没有共产党就没有新中国》，爷爷是老党员，这首歌他唱起来非常有感情，我也很受感染；第三首是《长征组歌》里的《四渡赤水》，爷爷唱得铿锵有力，我忍不住热烈鼓掌。采访中，爷爷还给我讲了小萝卜头的故事，我在重庆渣滓洞见过小萝卜头的雕像，这一次听完爷爷生动的讲述，我更加深切地感悟到，革命先辈们是用鲜血为我们换来了今天的幸福生活。

这一次的采访，我很激动，也受益匪浅。听党话、跟党走，现在好好学习，长大报效祖国，这不是一句口号，而是我们这一代青少年需要真正做到的，这是我们对祖国的承诺。

芜湖小记者　刘雅篪

北塘小学四（7）班

哪里需要去哪里　勤恳做事作表率

李贾　摄

家住城北凤鸣湖社区的老党员李齐玉，今年71岁，身体依然健朗，经常活跃在社区的各项活动中。

“我就是土生土长的本地人，原来这里叫秋口村，现在改为凤鸣湖社区了，我在村里干了很多年。”日前，记者来到李齐玉的家，听他讲述以前的事。他的父亲是一名铁路工人，也是一名共产党员，虽然不识字，但思想觉悟很高，做事勤恳踏实，总是跟孩子们提起共产党所做的大事，“推翻三座大山，让全国人民得到解放，让老百姓过上好日子”。

也许是受到父亲的影响，李齐玉工作中时刻严格要求自己。20世纪80年代初，他先在村办窑厂从事采购工作，后来又当会计，最后成了厂长。1985年，他进入村委会工作，成为村委会副主任，一进村委会，他就积极向党组织递交了入党申请书。“从递交入党申请书的那刻起，我就更加严格要求自己，多为百姓做点事，帮助他们解决困难，处处当表率，生怕自己不合格。我的父亲当时也常说，既然递交了入党申请书，就要好好干，多学习。”父亲的话李齐玉从不敢忘，他组织村民们建设水站、挖排水沟，解决村民们农田灌溉的问题，为他们解决种地的后顾之忧。谁家有困难，他肯定上门去了解并积极解决，在处理事情上，本着公平公正的态度。干了5年村委会副主任后，李齐玉又被组织派往当时的市皮革厂当厂长，后来又从市皮革厂调到市农机厂当厂长，就是在农机厂他成为一名真正的共产党员。“知道的那一刻，心情非常激动，心想终于够资格了。我从1985年递交入党申请，到1992年被批准，党组织考察了我好久，心里的石头终于落下了，但入党之后要更加作表率，做事要更实在。”李齐玉说。在农机厂工作不久后，他又前往市拉丝厂当厂长。

1993年，李齐玉再次回到村里，这次是当村里的支部书记。

为了发展经济，带领乡亲们致富，他决心将村办企业芜湖市电器设备厂发展壮大，投入了30多万元购买设备，吸纳当地村民就业，最高峰时用工人数达100多人，而他接手电器设备厂时只有十几人。村集体经济得到快速发展，村里有钱了再次反哺村里发展。

退休后的李齐玉积极发挥余热，成为社区“五老”网吧义务监督员。在2020年抗击疫情志愿服务活动中，他又被社区授予疫情防控“优秀志愿者”。

“中国共产党是我们劳动人民最尊敬、爱戴和信任的党，我这一辈子，很感谢党，现在我和老伴对晚年生活都很满足。”李齐玉说。

记者　李贾

记者手记

哪里需要去哪里

李齐玉是一位普通平凡的老人，没有轰轰烈烈的大事，但他却很真实。一辈子辗转多个单位，做的都是为人民服务的事情。

无论在哪个岗位，他都勤勤恳恳、兢兢业业，作为领头人带动村民们、工人们一起致富。只要哪里有需要，他便立即前往，克服一切困难，从不说一句苦和难。在村里的时间最长，他说自己是土生土长的当地人，能够为村民们服务，必须要尽心尽力，不辜负大家对一名党员的信任。他的父亲是一名老党员，为人处世、工作态度对他影响很大。李齐玉说，从小就听老人们感党恩，自己今天衣食无忧的生活也是党的恩情。作为一名共产党员，发一分光、尽一分力是分内的事。

小记者感言

实实在在的李爷爷

踏着清凉的小雨，我们来到了凤鸣湖小区李爷爷家，李爷爷今年71岁，1992年入党，有着近30年的党龄。爷爷说他入党的时候非常激动，因为他觉得中国共产党党员是人们最信任最爱戴的人，他希望自己也能为老百姓做一些事情。入党之后，他对自己高要求、高标准，不辜负党的信任。

我感觉李爷爷就像一台永远在转动的发动机，一直都在为人民服务。年轻的时候在村里为村民们做事，比如挖排水沟、建水站、帮扶村办企业……退休之后他也不闲着，关心下一代成长，疫情期间还参加了志愿服务，多次被评为优秀共产党员。

我觉得他是一个平凡而伟大的共产党员，他做的事情虽不轰轰烈烈，但都是为人民群众做的实实在在的事。

芜湖小记者　韩雨辰

育瑞实验小学三（1）班

一位退役老兵的家国情怀

奚璟　摄

在芜湖市，多年来活跃着一位致力于爱国主义教育的红色宣讲员——吴荒保。在军营里，他铁骨铮铮，守卫着祖国的大好河山；退役后，他脱下军装，积极投身家乡建设；退休后，鬓已微霜，他仍愿以永不褪色的热情服务地方，用实际行动书写了一名退伍老兵的荣光。日前，碧桂园小学小记者徐浚熙来到吴荒保家里，在交谈中，吴荒保与共和国共同成长的人生画卷，在我们面前铺陈开来。

"我像你这么大的时候，家乡还是破落的，那个年代根本没想过，生活会变成今天这样欣欣向荣的样子。"吴荒保告诉小记者，因为经历过那个困苦的年代，所以才能更深切地感受到中国共产党的伟大，"没有共产党就没有新中国，也就更不会有芜湖人今天的美好生活"。

吴荒保出生于20世纪50年代初，那个时候的中国虽然经济落后、物资匮乏，但大家都非常团结。这在他幼小的心灵里种下了努力学习、报效国家的种子。1972年，刚满18岁的吴荒保中学毕业，为实现儿时的梦想，他报名应征入伍，成为南海舰队一名海军特种信号兵。“入伍改变了我的人生轨迹，入党更加端正了我的人生观。”吴荒保在部队吃苦耐劳，处处从严要求自己。为了当一名出色的信号兵，夜深人静，当别人都在休息时，吴荒保还默默背诵密码口诀。在部队期间，吴荒保参加过西沙自卫反击战和1975年南海舰队大型演习。由于他表现出色，受到了部队上级领导的好评。当兵的5年内，吴荒保不仅入了党，还受到部队三次嘉奖。

1977年退伍回乡后，吴荒保以共产党员的标准和军人的工作作风严格要求自己，当年被推荐进村就职，由于各项工作都能出色完成，办事处理问题公正，得到了村民们的拥护，被推荐为村支部书记。吴荒保所在村地处偏远，交通不便，是全乡出名的贫困村。上任后，吴荒保带领全村修路、建校，开办农副产品加工厂、农资商品店等，既方便了群众又增加了收入，短短两年就甩掉了贫困落后的帽子，跨入先进村行列。

如今，68岁的吴荒保继续发挥余热，加入弋江区关工委老兵宣讲团，为在校师生、居民宣讲了20多场，进一步激发了广大师生、干部群众和党员的爱国热情。近年来，吴荒保先后荣获芜湖市社会治安见义勇为三等奖、弋江区十佳城管专干、弋江区关心下一代先进个人、弋江区十佳优秀志愿者、弋江区十佳最美退伍老兵等光荣称号，2020年被芜湖市关工委评为十佳“五老”助力“抗疫先锋”。

“童年时，我最大的志向就是加入中国共产党。如今我已经是一名党龄46年的老党员了，但我仍要不忘初心，退休不褪色，践行自己的入党誓词，为共产主义奋斗终身。”68岁的吴荒保说出这段话时，激动得热泪盈眶。他将自己珍藏的“为人民服务”等三枚纪念章送给徐浚熙，诚恳地告诉他，坚定理想信念，努力成才报效祖国。

记者　奚璟

记者手记

退休不褪色　离岗不离党

在吴荒保家里，老人如数家珍地把刻满岁月痕迹的奖章和荣誉证书一一摆在我们面前，有些已经掉色，但是奖章依然熠熠生辉，证书上写满了那些年的光荣与梦想。

吴荒保从没忘记自己的初心，他仅有一个儿子，当儿子到了服兵役的年纪时，他就积极鼓励儿子参军报国。儿子在美丽的内蒙古大草原默默奉献，戍守边防12年之久。因为儿子和儿媳参军入伍落户内蒙古，老两口便在内蒙古、安徽两地来回跑。退休后的吴荒保保持着“退休不褪色，离岗不离党”的初心，投身关心下一代工作中。

和小记者交谈时，吴荒保感慨地说，他们这一代人长在红旗下，如果没有党和国家的培养就没有今天他们的幸福生活。他一再强调，自己没做什么了不起的事，但是他希望青少年们勤奋学习，把祖国建设得更加美好。

小记者感言

难忘的采访

吴爷爷告诉我，他们小时候生活非常艰苦，所以他从小立下了报效祖国的志向。1972年底，吴爷爷应征入伍，正式成为一名守护祖国海疆的海军战士。吴爷爷当兵时遇到过很多困难，最让他头疼的是要说普通话。因为普通话如不标准，作为一名信号兵就无法发出正确的信号。为此，吴爷爷刻苦钻研，不仅把普通话学好了，并在所有的考核训练当中，成绩全优。退役回到地方后，成为一名村干部的吴爷爷，继续保持军人的本色，处处为老百姓办实事，带头为村民修路。退休后，吴爷爷发挥余热，一直坚持参加公益志愿活动。

在了解吴爷爷的故事后，我心中不免有些感慨。从今以后，我要倍加热爱祖国，更加刻苦学习，长大报效我们的祖国！

芜湖小记者　徐浚熙

碧桂园小学三（7）班

她用实际行动践行共产党员的责任

舒芹　摄

刘向文，一名老党员，2013年底从芜湖市中级人民法院退休，后被任命为芜湖经济开发区人民法院人民陪审员，特邀调解员，先后被评为全市法院优秀陪审员、全省法院优秀调解员、全省离退休干部先进个人。同时，她还是一名“献血达人”，曾在15年间累计无偿献血12000毫升，大约相当于3个成年男子血液总量，是国家无偿献血金奖、国家红十字生命奖牌的获得者。退休后的刘向文依然活跃在无偿献血的公益事业中，荣获2018—2019年度全国无偿献血志愿者服务奖五星奖。这么多种身份、这么多的荣誉，刘向文说她最在意的是人们说她是一名合格的共产党员。

退休前，刘向文是芜湖市中级人民法院办公室主任。1998年《中华人民共和国献血法》施行以后，她每年都会组织本单位职工无偿献血，而每一次她都带头报名。她说："无偿献血是健康公民的社会责任。作为人民法官，作为一名共产党员，我理应带头履行这一责任。"连续15年，刘向文累计无偿献血12000毫升。她的模范行为，获得芜湖市中级人民法院党组大力支持，该院自1998年以来已经连续20多年超额完成无偿献血任务，先后5次荣获市无偿献血先进单位称号。

如今，年过六旬的刘向文已经无法再参与无偿献血，但她并没有远离这项爱的事业。"快乐阿婆"是刘向文的微信名，她始终在市中心血站志愿者群里活跃着。只要有任务，刘向文都积极响应。于是，在街头的献血车上、在市中心的"献血爱心小屋"里，常能看到她忙碌的身影，她频频给在献血车前徘徊的献血者以勇气与力量。

刘向文是一位无偿献血志愿者，也是一名"调解达人"。退休前，她是芜湖市中级人民法院四级高级法官，曾获得过最高人民法院授予的"天平奖章"。2013年底退休后，刘向文说，她只休息了4天，2014年元旦一过，她就来到芜湖经济开发区人民法院担任人民陪审员，后又担任特邀调解员。退休后依然从事着自己熟悉和喜欢的法律方面工作，刘向文的劲头丝毫不输年轻人。担任人民陪审员的5年间，刘向文合计参与审理各类案件700余件。值得一提的是，她参与审理的所有案件，调解、撤诉率达50%以上，不仅大大节约了当事人的诉讼时间及诉讼成本，还有效减轻了一线法官办案压力。

"退而不休、奉献不止，帮助他人、快乐自己。"刘向文用她的实际行动践行着一名共产党员的责任。

记者　舒芹

记者手记

信仰与爱的传递

知道"快乐阿婆"刘向文已经很多年了，因为她是大江晚报的热心读者，也是一名写作爱好者，曾在大江晚报副刊发表过多篇散文，记者与她也曾有过数面之缘。

近日，记者带着小记者李朗逸来到刘向文家又一次见到了她。快70岁的她，身体倍儿棒，说话中气十足。刘奶奶说："你看我这样，身体棒棒的，所以大家一定要相信献血对身体是没有害处的，加入到献血队伍中来吧。"对无偿献血的宣传意识已经深入到刘向文的骨子里，成为一种职责，逢人她总不忘宣传一下。

刘向文慢慢地讲述着自己的入党故事，无偿献血的故事，当法官的故事。李朗逸听得很认真，还准备了三个问题，刘奶奶用浅显易懂的语言解答了他的问题。听着他们一老一小的对话，记者深深感受到一种信仰与爱在他们之间传递。

采访结束时，刘奶奶送给李朗逸一个篮球，鼓励他锻炼好身体，学得真本事，将来做一名对祖国、对人民有用的人。

小记者感言

最有意义的采访

近日，作为芜湖小记者，我在记者老师的带领下，采访了芜湖市中级人民法院退休干部刘向文奶奶。

在采访过程中，我得知刘奶奶1980年入党，是一位党龄40多年的老党员。1998年，刘奶奶担任市中级人民法院办公室主任，恰逢那年《中华人民共和国献血法》实施。刘奶奶说，她作为一名党员干部，必须要起带头作用。于是她带头献血，这一献就是十几年，刘奶奶累计无偿献血12000毫升。她曾获全国无偿献血金奖、中国红十字生命奖牌、安徽省十佳献血公益之星等，柜子里的荣誉证书多得数不过来。2013年底，刘奶奶退休了。因为年龄原因，不能再参加无偿献血，但是刘奶奶想用另一种方式去做公益，她成为一名无偿献血志愿者，为无偿献血做宣传和服务工作。

刘奶奶的事迹深深感动了我，我要向刘奶奶学习，长大后做一个热爱祖国、热爱公益，对社会有用的人。

芜湖小记者　李朗逸

狮子山小学二（3）班

让群众感受公平正义和法律的温度

顾娅　摄

今天我们走近的是一名年轻的优秀党员——今年34岁的宋士月，是芜湖市人民检察院的一名检察官。她连续多年被评为优秀共产党员、优秀党务工作者，在法律工作、为民服务、热心公益等方面，一直发挥着共产党员的先锋模范作用。

宋士月党龄10年，从在校园入党之日起，她就以更高的标准要求自己，工作中比别人多付出一些，学习上比别人多努力一些，表现突出的她获得了硕士研究生国家奖学金。成为一名检察干警之后，“检察蓝”与“党员红”的双重身份，让宋士月更加觉得责任在肩。她努力钻研法律，做到“业务过硬”。在案件管理部门工作时，她荣获全省“案件管理业务能手”称号。在民事监督部门办理案件时，她要求自己更加细心、耐心、真心做好每一起案件的审查办理工作，守护好社会公平正义的防线。

在她协办的一起讨薪案件中，打工者遭遇了包工头跑路、建设公司不承认劳务关系的困境。宋士月通过细致的案件审查发现，建设公司曾给这位打工人发过“任命书”，据此有力的新证据提出抗诉后，推动案件的改判，最终帮助这名打工人追回劳动报酬，当事人激动地送来锦旗。

收到翟某涉黑案件中民事虚假诉讼线索后，宋士月仔细审查发现了翟某以赌债为由，采取限制人身自由等恐吓手段，逼迫一些被害人写下欠条，为非法债务披上了合法的外衣。法律不容亵渎。收集完整证据后，她提出再审检察建议，促进案件开庭再审，保障了法律的正确实施，维护了社会的公平正义。

法律是严肃的，而法外总有温情。作为一名党员就是要为民办实事，宋士月要求自己做一名有温度的检察官。她耐心为来访群众解答问题、为年纪大不方便出行的当事人上门办案、为符合条件的当事人申请司法救助……“让群众在每一个司法案件中感受到公平正义和法律的温度，才能让这个社会依法运行、风清气正。”

除了本职工作外，宋士月还身兼数职，积极参与各项公益活动。作为妇女委员会委员，她组织参加儿童慰问活动，关爱妇女儿童身心健康发展。2019年被芜湖市妇女联合会授予“三八”红旗手荣誉称号。2016年，芜湖市突遭特大洪涝灾害，宋士月主动参加受灾民众北塘小学安置点的志愿服务活动，维护安置点秩序、帮助解决群众的日常生活问题，身体力行奉献助人。

“明责任而后勇担当，作为一名中共党员，我要心怀使命为民担当；作为一名检察干警，我要履行好检察官的职责使命，守护公平正义。天下‘无讼’，一个没有纠纷的和谐社会是我最大的向往。”宋士月坚定地说。

记者　顾娅

记者手记

生活越幸福　信念越坚定

芜湖市人民检察院办公大楼上国徽庄严高悬，第一次走进检察机关的小记者鲁若熙难掩兴奋。法律，在她的眼里，既神秘又陌生。检察官宋士月一身检察蓝，胸前的徽章熠熠生辉，笑容温柔可亲，在与她的深入交谈中，小记者渐渐懂得了法律的价值和党员的含义。

在党史学习教育活动中，宋士月曾来到井冈山革命烈士陵园，看到一排排的墓碑，仿佛一个个曾经年轻的生命站在眼前。谈及此，宋士月的声音哽咽了。先辈的热血换来美好的今天，作为一名年轻党员，享受了美好，更要坚定地接续奋斗。看到小记者清澈的眼神，宋士月表达了自己的期待："随着国家的日益强大，民富国强、岁月静好，你们的人生会更加精彩，我们将努力为你们守护公平正义、风清气正的社会。生活越幸福，红色信念应愈加坚定，希望你们努力学习，强国有我，强国更有你们！"

小记者感言

我与检察官面对面

这次"双百行动"，我作为小记者跟随大记者，走进芜湖市人民检察院，采访了一位年轻的女检察官。

我是个"法迷"，平时最爱听法律故事，我十分珍惜这次采访机会。检察院办公楼悬挂着巨大的国徽，显得十分庄严，采访对象宋士月检察官是一位亲切的阿姨，一身制服特别精神。采访中，我学习到了许多以前不知道的知识：检察官与警察的区别是什么，他们的职责是什么，他们的职业有多么重要……

这次采访让我感受很深，以前我眼中的法律以及法律工作人员是冰冷、严肃的，但是今天我发现他们是有温度的。作为法律工作者，他们的职责是维护社会的公平公正，保护人民的权利不受侵害，他们用爱去帮助需要帮助的人。而作为小学生的我们，应该从现在起学法、懂法，培养遵纪守法的意识，学会用法律保护自己不受伤害。

走出检察院，微风下我胸前的红领巾徐徐飘动，在国徽的映照下格外鲜艳。我们一定要珍惜美好的生活，努力学习，为祖国的繁荣富强、人民幸福贡献力量。

芜湖小记者　鲁若熙

育红小学四（6）班

他用心用力用情深耕贫困村

陈太华　供图

陈太华，芜湖市农业农村局三级调研员，也是第七批选派驻村帮扶干部。2017年4月他被选派到无为市无城镇黄汰村任党总支第一书记、驻村扶贫工作队队长，一待就是4年多。在他用心用力用情的深耕下，黄汰村从默默无闻，变得赫赫有名，从软弱涣散村变为经济培强村、脱贫攻坚先进村、新型农业产业示范村、乡村振兴示范村、农村基层党建示范村。

“4年前，黄汰是个出了名的穷村，村部破旧，窗户用报纸糊着，连桌椅都没有完好的，村里萧条，人心涣散，干群关系紧张。”这样的局面，超出了陈太华的预料。刚驻村那段时间，陈太华常常彻夜难眠，思考着如何打开黄汰村的发展局面。通过走访调研，他认为要改变黄汰村的落后面貌，就必须强化党组织建设，以党建来引领一切，首先打造一支村民信任又能为村民办事的党员干部队伍。很快，他把致富能手、农业专业合作社负责人、新乡贤、回乡大学生等有想法、有思路的人吸纳进村“两委”班子。同步着手制度建设、组织建设和阵地建设，将村党总支优化重组为4个党支部、设立9个党小组，把在外的36名流动党员，采取网格化方式设立5个临时党小组。短短半个月时间，建成了配套齐全、功能完善的新党群服务中心和4个党支部阵地。这些举措，让黄汰村的面貌焕然一新，极大地增强了村“两委”班子的凝聚力、战斗力。

在一次走访中，村干部在“五保”贫困户黄某某家中发现了一份已破旧不堪的肥东县人民法院16年前作出的判决书。由于执行难，对方欠下的5000元货款一直未能讨回。问清原委后，村“两委”决定帮助黄某某追讨欠款。为了兑现承诺，村里多方协调、多次汇报，终于帮助黄某某追回欠款。讨债的成功，让新的村“两委”班子初步树立起了威信。

在了解到因残致贫的胡某某有发展产业的愿望后，为了更好地激发贫困户的内生动力，经村“两委”班子集体讨论，决定帮助胡某某圆梦。先是介绍他到水产养殖大户务工学习，待时机成熟时，帮助他正式成立了拥有55亩水面、集家禽与水产养殖于一体的家庭农场，当年就创收6万多元，胡某某个人也成为市、县两级的脱贫示范户。

村党总支为民办实事的事情传开了，村“两委”的口碑发生了积极的变化，“我们的黄汰村”也渐渐成为村民们自豪的口头禅。4年多来，陈太华极少回家，早就将自己当作黄汰村人，过年过节多是陪伴村里的贫困户。春节在家待不到大年初三，他就着急回黄汰村，还将家里亲朋好友送的节日礼品一并带过去，挨家挨户给贫困户拜年，拉拉家常。

村里探索出“村党支部 + 专业合作社 + 农户”的党建引领发展模式。陈太华发动全体村民，积极发展产业，村里先后培育和引进紫约蓝莓、振丰生态农业、新合捷蝴蝶兰花卉等现代农业企业7家，组建了金鑫水产养殖、惠民种养2个专业合作社，创办了3个家庭农场，全村现代特色农业面积达到1690亩，产业投资落地达1.2亿元，村民们的收入明显提高。4年多的耕耘，黄汰村集体经济收入由2016年的4.2万元，跃升到2020年的83万多元。

求木之长者，必固其根本。陈太华说，黄汰村蝶变之路，最根本的是加强了党组织建设，形成了凝聚力，把准了产业发展脉搏。四年扶贫路，终身鱼水情，陈太华觉得自己非常有幸参与了脱贫攻坚的决战决胜，把一个党员最坚定的信念根植在了黄汰村这片热土上。自己从村里“撤退”，留下一个好班子、一个好口碑、一个好基础、一个好规划，“我无愧于自己，算是向组织交出了一份满意的答卷。”

记者　李贾

记者手记

村庄“蝶变”故事励志

陈太华驻村扶贫工作4年多，用心、用力、用情，极大地改变了黄汰村的村容村貌、基础设施、产业状态，实现村庄完美“蝶变”，故事非常励志，给记者很深的震撼。

采访中，陈太华多次说自己曾是一名军人，骨子里渗透着不畏困难、迎难而上的精神。既然被派往黄汰村，要改变那里贫困落后的面貌，不论遇到多大的困难，都必须完成，这就是命令，军人以服从命令为天职。工作中，陈太华讲究方法策略，善于思考，放低姿态，把村民当家人，把村民的事当成自己的事，尤其是帮助贫困户黄某某讨回了16年前的欠账，赢得了村民们的赞誉。4年多，他极少回家，逢年过节拜访村民，帮助有创业意愿的村民实现愿望。他还发动一切可利用资源，给村里引进了大量的产业。

“我是农民出身，对土地、农民、农村有感情，我曾是一名军人，为人民服务是我的职责。”陈太华动情地说。

小记者感言

陈伯伯真是太厉害了

近日，我有幸采访了曾奋斗在脱贫攻坚一线的老党员陈太华。陈伯伯以村为家，视贫困户为亲人，以扶贫为任，工作踏踏实实、尽心尽力、任劳任怨，实在令人敬佩！很难想象，黄汰村从曾经的穷村、欠债村，变成现在的产业村、乡村振兴村，陈伯伯真是太厉害了。

听说黄汰村先后培育和引进紫约蓝莓、振丰生态农业、新合捷蝴蝶兰花卉等现代农业企业7家，收入由2016年的4.2万元跃升到2020年的83万多元，曾经的穷村已然成为今日的经济培强村、乡村振兴示范村。我真的很向往，很想让家人带我一起去黄汰村看一看。

陈伯伯曾是一位军人，也是一名共产党员，他的很多事迹让我很震撼。我虽然还不太明白党组织、党的建设、战斗堡垒这些词的内涵，但我隐约能感受到其中包含的信息。以后，我也想成为一名共产党员，为国家现代化建设贡献自己的一份力量。

芜湖小记者　刘泽淳

安师大附小西校区四（4）班

当气象防灾减灾第一道防线“尖兵”

李贯　摄

天气预报对现代人的生产生活影响巨大，准确的天气预报离不开气象预报员的辛劳。付伟是一名优秀的气象预报员，2004年从南京气象学院大气科学专业毕业后进入芜湖市气象局，始终坚守一线，从事短期天气预报、通信网络和业务系统维护工作。他的业务能力强，责任心重，争做气象防灾减灾第一道防线“尖兵”，并且充分发挥一名共产党员的先锋模范作用，热心帮传工作。

气象预报就像医生看片子

气象预报分析大厅内，一台台电脑屏幕上显示出卫星云图和天气图，付伟坐在电脑前凝神细看。“天气预报就是应用大气变化的规律，根据对卫星云图和天气图的分析，结合有关气象资料、地形、季节等特点，综合研究后得出的结论。”付伟说。天气预报一般分三种，未来2—3天的是短期预报，未来4—9天的是中期预报，未来10—15天的是长期预报。有了卫星云图，极大提高了天气预报的准确率。

十几年如一日，每天面对这些云图和数据，会不会觉得枯燥？付伟笑着说：“气象里面可深入研究的东西很多。”别看这些云图，第一天看跟五年后、十年后再看，会有不一样的解读。虽然同样是台风天、暴雨天，但每一次的云图、气象资料都会有所不同，这需要气象预报员当个有心人，平时主动思索、总结规律。“我们就跟医生一样，每天看CT片子，看得越多经验越足，稍有细微差别也能发现，诊断病例就越准确。”付伟说。所以，在外人看来差不多的云图，在他看来学问很深，“未来要深耕精细化预报，除了科技手段外，对预报员业务能力要求也高，气象预报大有可为。”

业务精进　争当气象“尖兵”

多年来，付伟对工作中存在的短板进行深刻剖析和改进，业务不断精进，争做气象防灾减灾第一道防线的“尖兵”。

2016年6月30日夜，付伟值班，他分析认为夜里将有一次大雨过程，此前雨水已经连续下了数日，很多人认为不会再下了。凌晨4点，他将自己的预报及时向市领导汇报，并通过预警对外发布，给相关部门争取了准备的时间。

2020年7月，芜湖市持续强降雨，防汛形势严峻。一天，付伟在值班中发现安庆方向有一个强对流云团在移动，预计3—4小时后会给无为市带来降雨和大风天气。当时，无为市各条河流水位超高，堤坝上多人值守防汛。当天晚上9点，付伟将此信息第一时间传给市应急管理局，果然夜里12点多，无为出现雨水大风天。

类似这样的例子还有很多。2019年11月，枞阳县和无为市交界处发生山火，前期天气干旱且地形条件不利于大型消防设备作业，火势出现反复。付伟仔细分析天气形势，指出17日有小雨天气过程，并在当日为救灾前线提供降水、风力风向等精细化要素预报，指导前线作业人员抓住有利条件及时作业，使火情得到有效控制。

付伟对待工作非常有责任心。2020年春节期间疫情来袭，他主动放弃春节假期，24小时坚守岗位，密切监测天气变化，为防疫战斗提供不间断的气象服务。

热心帮传　发挥党员先锋模范作用

作为市气象局的技术骨干，他热心帮传，在业务技能上无私分享经验，为各县台站的一线业务人员编制业务流程文件，方便大家日常操作和应急处置。在科研工作中，他悉心指导局里新进的研究生启动项目并发表相关论文。他是社区和学校的气象防灾减灾老师，为市民和大、中、小学生开展科普讲座85次，科普受众人数累计4000余人次。为求科普宣传深入浅出，他设计编写的科普漫画《气象三国之火烧上方谷》，以生动的三国故事为切入点，对夏季热雷雨的成因进行了精彩的分析，被中国气象网等媒体广泛转载。

工作之余，付伟还积极参加志愿服务、献血、捐款等公益活动。工作以来获得多项荣誉，2016年获芜湖市五一劳动奖章，先后被评为芜湖市优秀窗口服务员、优秀共产党员、优秀青年等。

记者　李贾

记者手记

责任与钻研之心

付伟是一名优秀的共产党员，十几年如一日，坚守在气象一线，每天与卫星云图和大量数据打交道，却乐在其中。他的身上有很多好品质，例如很强的责任心、工作认真敬业、乐于奉献、善于思考。他还具有一颗沉静的心，全身心投入科学研究中，寻找大气变化的规律。

据了解，付伟先后主持和参与了省、市气象局科研项目17项，其中主持项目7项；发表论文31篇，第一作者14篇，核心期刊6篇。他将研究成果应用于天气预报与服务中，有力提高了预报准确率和服务及时性。能有这么多科研成果，源于付伟对岗位的热爱，对工作的执着，对职责的认同。他说，干一行爱一行，履职尽责是应该的，努力提高预报准确率是自己奋斗的目标。

小记者感言

默默耕耘　不断付出

8月中旬，我在大江晚报记者老师带领下，采访了芜湖市气象局高级工程师付伟。

当天，我来到市气象局6楼，见到了付伟叔叔，他是全国气象部门优秀共产党员、中青年业务技术骨干、环境气象科研团队带头人……这么多荣誉称号，让我不禁竖起大拇指，内心充满了敬佩之情。

付伟叔叔2012年入党，他和蔼可亲，专业知识过硬。首先，他向我和记者老师介绍了芜湖市气象局的基本情况；接着，他从专业角度向我们介绍了一些气象知识，回顾芜湖市2021年的大雨及近期雨水情况。知识的归纳与整理，是通过研究与再思考而总结出来的。虽然辛苦，但付伟叔叔说作为一名党员，身在自己的工作岗位就一定要倾其所有，不断付出。

对付伟叔叔的采访，让我感受到不管在哪个工作岗位，我们都要默默耕耘，不断付出，要一切以人民群众的利益为重。就像付伟叔叔说的："无论工作还是生活，我都秉持立足岗位职责、做好气象服务的原则，我坚信脚踏实地才能久久为功，这是我作为中国共产党党员也是气象人的初心和使命。"

芜湖小记者　王孜宸

安师大附外城东校区四（7）班

与新中国共成长的退役老党员

芮娟　摄

他与新中国同龄，20岁当兵时，铮铮铁骨，常被评为“五好”战士；34岁转业后，他关爱困难职工，常为职工谋福利，被评为省优秀工会工作者；退休以来，他不忘初心，发挥余热，不仅积极反映群众需求，还带领一群老兵唱响一支支革命歌曲，传承红色基因。他就是大江晚报记者和芜湖小记者共同采访的退役老党员——李发满。

72岁的李发满依然精神矍铄。“我是入伍第二年——1970年1月加入中国共产党的。”对于自己的入党时间，李发满依然记忆清晰。与新中国共成长，见证国家一点一滴的进步、发展和民众生活的变化，自小在心中埋下报效国家种子的李发满，20岁时便报名应征入伍。在部队的熔炉中，他积极向党组织靠拢，真挚诚恳地递交入党申请书。由于各方面表现突出，很快他就被批准入党。此后，李发满以共产党员的标准严格要求自己，凡事冲锋在前，遇到危难之时挺身而出，在部队常常被评为优秀共产党员。转业到中建七局二公司后，历任工会主席、公司副经理、调研员职务的他也一直发挥党员先锋模范带头作用，开展劳动竞赛、入户走访困难职工……诚心诚意为职工谋福利，为企业稳定发展作出了自己的贡献。

退休之后，住在中建七局二公司宿舍的李发满依旧不忘初心，积极参加社区志愿服务活动，及时反映居民需求，经过选举成为李巷社区第四党支部的书记，并以高票当选为小区业委会委员。中建七局二公司宿舍是个建设时间比较早的老旧小区，曾有10个楼栋的架空层因没有安装楼道灯，居民进出停放自行车、电动车或去储藏室拿取物品等都只能摸黑或者打着手电筒，不仅生活不便，还增加了安全隐患。李发满看在眼里记在心里。去年，在李巷社区的“党员提案”活动上，第一次接触党建微公益创投的他积极参加培训、学习，第一时间写了一份提案，申请了区党建微公益创投“点亮楼道灯”项目，不够的资金他又按照程序协调业委会、物业，申请了小区公共收益资金，最终在今年春节前为10个楼栋架空层装上了楼道灯，极大地方便了居民的生活。

在中建七局二公司宿舍居民们的眼中，李发满不仅是一位好书记、好委员，还是一位优秀有干劲的好“团长”。原来，在李巷社区成为“三社联动”试点，致力打造家家参与、人人治理的“家立方”文化时，李发满在参加一次“小巷夜话”活动时，发现小区里有很多退役老兵。如何凝聚这股特殊的退役不褪色力量？恰逢2020年国庆之时，他牵头找到了30位老兵，成立了一支平均年龄65岁的老兵合唱团，第一次登上社区舞台，唱起一首首大家耳熟能详的革命歌曲，传承红色基因。如今，坚持排练的老兵合唱团已经可以登台演唱20多首革命歌曲，不仅在社区、街道唱响了名声，还走进学校，走进区、市更大的舞台亮相展示风采。今年是中国共产党成立100周年，李发满带领老兵合唱团创新采用“音乐党课”这种生动活泼的文艺形式，送红色文化进社区，陶冶群众，凝聚人心。

李发满获得过很多荣誉、奖章，但他最珍惜的还是今年收到的“光荣在党50年”纪念章。“我骄傲、我感恩，我是一名共产党员！为人民服务、为党奉献，永远不会变！”采访时，李发满特意捧出这枚闪光的纪念章与小记者胡紫然分享，勉励她好好学习，坚定理想信念，努力成才报效祖国。

记者　芮娟

记者手记

莫道桑榆晚

第一次见到李发满，是在去年李巷社区举办的“情满月圆 举国同庆”活动现场，虽然已是古稀之年，但穿着迷彩服装的他腰板挺直，不减风采，带领着一群同样精神抖擞的老兵合唱了两首革命歌曲，振奋人心，热情激动，赢得了现场阵阵掌声。

当时只知晓这是一位退役不褪色的老兵，热心、自律，每天坚持跑步、打乒乓球，用革命歌曲传递正能量。这次深入采访，才知入党已超过50年的他始终不忘初心作表率，甘于奉献为居民，讲好党的故事，做了很多实事，令人敬佩赞叹。

“我是党员，这不仅是一句介绍，更是一份责任。”李发满认为，“人老了但心不会老，我会时刻记着共产党员的初心使命，正如当初在入党申请书上写的那样：全心全意为人民服务、为共产主义奋斗终身！”

小记者感言

令我敬佩感动的李爷爷

今天，我有幸采访了与新中国同龄的李发满爷爷，他是一位优秀的退役老党员，当过15年兵，党龄51年。

李爷爷已经72岁了，但他精神面貌很好，眼不花、耳不聋，一脸微笑地迎接我们。李爷爷首先回忆了自己入伍、入党的故事。那段经历在李爷爷心中留下了难以磨灭的印记，因为从他挺直的脊背和放着光彩的眼神中，我看到了骄傲和自豪。

李爷爷退休后发挥余热，为百姓办了很多实事：漆黑了多年的架空层楼道灯亮起来了、小区停车棚取消收费并装上了监控……他还牵头组织了一支老兵合唱团，用唱革命歌曲的方式抒发最深切的爱党之情、爱国之情。在他的夕阳余晖中，撒下的是对身边百姓的关心。他从每一件小事做起，发挥了一位共产党员的先锋带头作用。

采访最后，我向李爷爷行了一个少先队队礼，李爷爷也回敬了我一个标准的军礼。他激动地嘱咐我，好好学习，坚定理想，“以后还要靠你们这些娃娃”。

我真的很庆幸，自己能有一次与优秀老党员的近距离采访机会。在李发满爷爷身上，我看到了一位老党员的初心使命，看到了他不求回报的共产党员本色。作为少先队员的我，也会更加严以律己，努力奋进，如李爷爷期望的那样，未来做国家的栋梁！

芜湖小记者　胡紫然

镜湖新城实验学校三（2）班

她让“新芜湖人”感受到第二故乡的温暖

吴敏 摄

今年39岁的周霞是龙山街道凤凰城社区党委副书记、社区居委会主任，在基层已工作了13年，是一名已有10年党龄的共产党员。作为居民群众的贴心人，不管是在平时工作中设身处地关爱困难居民，还是在抗疫防汛中时刻冲锋在前，多年来周霞始终以一个优秀党员的标准要求自己。

2021年7月下旬，受外省市疫情复杂变化影响，芜湖市积极应对，全民投入抗疫工作，基层社区工作人员担负起了重要使命。周霞在接到上级紧急指令后，全身心地投入到疫情防控中。为了能够第一时间对必须封控的小区进行监管，周霞抢抓时间，将防疫工作、居民生活物资配送到位，协调设置临时疫情防控值班室简易房，并做好对居民的解释安抚工作。

身材娇小的周霞既要部署指挥，又在一线当搬运工、巡逻员。她不停地在一线奔波穿梭，雨水和汗水打湿了她的衣服，身上的衣服干了又湿，湿了又干。面对两万多名社区居民，周霞在一日之内便指挥完成了一万五千多人的核酸检测量。她接连多日工作到凌晨2点，而且往往只休息两三个小时又要继续战斗。那段时间她就在社区居委会办公室打起了地铺，驻扎在社区，只好将自己的女儿送到父母家中照顾。

在日常工作中，周霞始终把居民的需求作为头等大事，解决群众的困难，是她努力工作的动力。周霞常常强调“几个抓手”，将抓服务、抓治理、抓文化等工作目标牢记于心。她时常深入群众，上门入户去了解群众真正的需求，以此来找准定位，再做出相应的方案，提高居民的幸福感和归属感。作为一个“新芜湖人”比较多的社区，凤凰城社区里为子女带孩子的老年人特别多，他们从故乡来，在这里人生地不熟，时常会感到孤单寂寞。周霞了解这些情况后，采取了有针对性的措施，现在这些老人基本上都感受到了第二故乡的温暖。

事实上，无论是重病后一度失去生活信心的胡大妈，还是从企业退休后生活困难多的独居老人，他们心中一直难忘周霞的好。正是周霞和同事们始终不忘上门关怀，将积极乐观带给他们，把党的关切和温暖送给他们，才使得这些老人越发感受到社区大家庭的温暖，他们中许多人都将周霞视为自己的女儿。

作为社区党委副书记，周霞不但注重自身发挥党员先锋模范作用，还积极开展党建工作，推动党建引领，激发更多党员的主动性、积极性。她说：“党员的作用和影响是巨大的，社区党委应该重视每位党员的作用，促进他们更好地为人民服务。”这就是周霞，有着优秀共产党员的情怀，在社区工作者这个平凡的岗位上，发挥着一名共产党员的光和热，为群众奉献着一片真情，也正像她所说的那样：“始终把党放在心里，坚守在社区工作岗位上，做好服务人民群众的螺丝钉。”

记者　吴敏　实习生　李玥燃

记者手记

为人民服务不是一句口号

通过对周霞的采访，我们了解到了一位基层社区工作者的工作情况，知道了基层党组织的党员在日常工作中，是如何以优秀党员标准严格要求自己，如何爱岗敬业，如何在关键的时刻舍小家、顾大家。

对于周霞来说，为人民服务不是一句口号，而是要在基层日常工作中、在关键时刻，践行初心使命。正如周霞所言："党员就该用行动来示范引导，与群众促膝谈心交朋友，做到进得了门、谈得上话、交得上心。每天坚持去小区转转，谁家是贫困户，谁家有残疾人，谁家有就业需求等，就都了解得一清二楚了……如此，才能在平凡的工作岗位上创先争优，做出让组织放心、让群众满意的成绩。"

在实际工作中，还有千千万万像周霞这样的共产党员，他们时刻牢记党的教导，在服务关爱群众的过程中，让党旗生辉，让基层党组织越发有战斗力、凝聚力。

小记者感言

全心全意为大家服务

近日，作为芜湖小记者，我走进龙山街道凤凰城社区，采访了社区优秀党员周霞。

在凤凰城社区办公室门口，周霞阿姨微笑着迎接我们。周阿姨告诉我，她2011年加入中国共产党，算下来党龄有10年了。周阿姨详细地给我讲了她日常的工作。原来社区居民无论大事小事都会去找周阿姨和她的同事。周阿姨还关心照顾孤寡老人，在传统节日里组织开展各种活动，举办道德讲堂，提升社区群众道德素养。她说，作为一名党员，就是要全心全意为大家服务。

最后，周阿姨给我们少先队员提了几点希望。她希望我们听党话、感党恩、跟党走，好好学习，将来为党和国家作出贡献。采访结束之际，我为周阿姨戴上了鲜艳的红领巾，并合影留下了美好的瞬间。

芜湖小记者　曹费旸

芜湖师范附属小学四（3）班

她带着银针上高原

马岚　供图

“小记者你好，我是马岚。你现在可以跟着我，当我的小小实习生，体会一下中医的魅力。”38岁的马岚是芜湖市中医医院针灸科的医生，不久前刚从西藏自治区回来。

针灸科里患者不少，或卧或坐，马医生麻利地穿行其间，做针灸、拔火罐，给这位称艾条，给那位捏穴位，忙碌而专业。小记者张承俊跟在她身边，看着记着，一会儿若有所思所感，一会儿见缝插针地提问。

马岚医生出生于1983年，2008年入党，党龄13年。“100年来，我们党经历了很多风风雨雨，取得了一个又一个的胜利。加入中国共产党，让我觉得非常光荣、激动”。一身白衣的马岚说，作为医生，其实只做一件事——

帮助别人，作为共产党员也是一样的——服务人民、帮助人民，“助人就是我的初心，所以我在读研究生时，毫不犹豫地申请入党，实现梦想”。

谈到“三牛”精神，马岚感触颇深：“做为民服务的孺子牛，对医生来说就是要为患者服务，对每个患者都怀有医者仁心，站在他们的角度多想多问，把病人当亲人。”记者看到，马岚在科室里对很多患者都以长辈相称，言语亲切温和，“有些人会有畏针的情绪，要去疏导、解释、安抚，保证疗效的同时也照顾患者的心理”。

市中医医院针灸科的外墙上，有医生们的介绍和照片，与之相比，现在的马岚瘦了也黑了，数月的援藏工作让她的两颊似乎还带着高原的风霜。今年5月7日，马岚作为市中医医院第二批对口援助西藏错那县藏医医院的医生，成了开辟中医新战场的“拓荒牛”，“今年正好是西藏和平解放70周年，今年的援藏更有意义”。错那县海拔4000多米，她和同伴一去就感觉不适，开始吸氧，但心底却未有一丝动摇退缩，“那边寒湿重，很多居民都有关节病和脾胃病，针灸对此很有效。我这次去主要做临床带教，就是要把方法留下来”。

除了带教，她和同伴还经常去更偏远的乡镇义诊，甚至在路途中遭遇过泥石流，但“无论条件多么恶劣，心里都是满怀热情”。马岚回忆说，一次去觉拉乡，他们一天看了200多人，到下午5点才吃“午饭”，因为没有足够的座椅，索性席地而坐。每次下乡，大家都会带一面党旗挂上，“我是医生，也是党员，无论走到哪里，只要党旗在，心里就踏实”。

在工作中艰苦奋斗，勤勤恳恳，在马岚身上，也能看到“老黄牛”的影子。“无论在芜湖还是西藏，我都要不畏困难，脚踏实地，做好自己的本职工作，不忘初心，发挥党员的先锋模范作用，展现医者仁心。”

记者　程茜

记者手记

学藏语的女医生

“阿克”“阿尼”，这是马岚援藏期间最常说的2个词，意为“叔叔”“阿姨”。藏地的乡镇，很多年轻人都外出务工了，老人们不太懂汉语，马岚就自学藏语，用他们熟悉的乡音打招呼，问他们哪里不舒服。她作为党员和医者的亲切、善意、温暖，让所有人都如沐春风。

马岚虽然身形瘦削，但说话声音脆爽，整个人充满活力。她是年轻共产党员的代表，她的骄傲与坚守来源于手中的银针，那是中国传统医学的精华；更来源于党员的身份，是对未来的承诺与信心。

小记者感言

心中有火　眼里有光

我采访的对象是芜湖市中医医院针灸科的马岚医生。循着艾草的香味，我在诊室门口见到了正在忙碌的马医生。看着她在诊室中来回穿梭的身影，即使戴着口罩，我依然能感受到她的热情，心中的那一丝紧张也立刻消散了。

为了不耽误马医生的工作，我只能在她工作的间隙见缝插针地采访。谈话中，我了解到马医生在2008年还是研究生的时候就加入了中国共产党。“为什么呢？”马医生一边娴熟地给病人下针，一边笑着说道，“因为医生和共产党的职责都是帮助别人啊！”

今年5月，马医生参加了援藏医疗活动。由于西藏气候条件恶劣，参加的大多是男医生，她作为一名党员，提前一年就递交了申请，主动请战。在克服了缺氧、头晕等一系列高原反应后，立刻投入到了紧张而又忙碌的工作中。每到一个地方义诊，她都会将随身携带的党旗悬挂在墙上。

因为西藏的气候寒湿重，一些藏民患有关节方面的疾病，而针灸是最有效的治疗方式之一。马医生在为藏民诊疗的同时，手把手地教当地的医生，将这门传统的医术传授给他们。听到这里，我想这就是共产党人为人民服务的精神吧！

采访结束，我向马医生提了一个小小的愿望，想为她亲手戴上红领巾。马医生欣然同意了。看着戴着红领巾的马医生，我突然想起了妈妈说的一句话，很多年以后，我们也会变成他们。我也想成为马医生这样的人，心中有火，眼里有光。

芜湖小记者　张承俊

赭山小学五（3）班

为孩子的成长洒下阳光雨露

汤荣汛　摄

优秀的教师不仅要传播知识、思想、真理，还要塑造学生的灵魂，做学生成长成才路上的引路人。从教34年的退休教师王玉文就是这样的一位老师，从业几十年如一日。即使退休以后，作为一名老党员、老教师，因为始终对教育有一份特殊的情感，自愿参加张家山街道关工委工作，冬去春来忙忙碌碌已快17年了。

1948年出生的王玉文，已经73岁了。“1968年从芜湖师范学校毕业后，我就去了宣城雁翅小学，成了人民教师。”王玉文回忆说，当时学校的老师并不多，所以自己语文、数学、音乐、体育，什么课都得教，“虽然很辛苦，但看到孩子们对知识很渴望，就不觉得苦了”。

“1975年底，我调回芜湖，在铁路小学当老师。在1977年光荣地加入了中国共产党。”成为一名共产党员，一直是王玉文的梦想，优秀党员、优秀教师、优秀大队辅导员……她在工作岗位上收获了一个又一个荣誉。2002

年，王玉文教完最后一节课，告别了站立34年的三尺讲台退休了，“因为对教育事业的热爱，2004年，我自愿来到张家山街道关工委工作，希望可以帮助更多的孩子健康成长”。

17年来，她先后荣获全省关工委法制教育先进个人、芜湖市关心下一代工作百名“最美五老”、芜湖市关心下一代宣传工作先进个人、镜湖之星——助人为乐之星、镜湖区优秀巾帼志愿者等称号；2020年，荣获镜湖区关工委“五老”助力“抗疫先锋”称号……王玉文几十年如一日，心系祖国下一代，洒下阳光雨露育苗长。

让王玉文欣喜的是，2015年下半年至今，她所在的辖区已实现了未成年人“零”犯罪。“2018年8月，我关注的一个家境困难的孩子考上武汉理工大学，孩子妈妈在电话里激动地哭了。”得到喜讯后，王玉文为孩子申请到2000元的大学新生补助，同时，自己还为孩子准备了学习用品和现金红包。

“爱在左，责任在右，走在生命之路的两旁，随时撒种，随时开花，将这一径长途点缀得花香弥漫，使穿枝拂叶的莘莘学子，踏着荆棘，不觉得痛苦，有泪可流，却觉得幸福。”王玉文说，“是冰心的话语激励我无怨无悔地奉献，更是我为之追求的人生目标。”

记者　汤荣汛

记者手记

充满正能量的老人

用34年的光阴与孩子们澄澈的眼睛对望，用近17年的光阴让更多迷路的孩子走入正轨。改变了一个又一个的家庭，付出了常人难以想象的汗水和艰辛，但王玉文却只道寻常。她的理由也质朴得让人感慨：因为对教育事业的热爱，因为想让更多的孩子开阔眼界，改变人生，因为这是作为一名共产党员的初心和使命。

大爱无言，大德无碑。她用冰心的话语时刻激励着自己前行，本该夕阳无限好的欢乐时光，但她却继续为教育事业奉献着。“莫道桑榆晚，为霞尚满天。”老党员王玉文就是这样一位充满着正能量的慈祥老人。她值得我们向她致敬，我们也要向更多为了教育事业默默奉献的人民教师致敬。

小记者感言

您像太阳一样照耀着我们

近日，我作为芜湖小记者，在记者老师的带领下，采访了退休老教师，同时也是一名老党员的王玉文奶奶，她真是一位充满正能量的慈祥老人。

看到失去父母，家境困难的学生，王玉文奶奶不但帮助她申请困难补助，还自己花钱给她买衣服、买吃的，最终，这个孩子成长为一名大学生，大学毕业后有了一份稳定的工作。退休以后，王玉文奶奶来到关工委，继续帮助更多的学生健康成长。

王玉文奶奶的故事，深深地感动了我。我想对王玉文奶奶和所有的老师说，谢谢你们，你们都是我们成长道路上的引路人，你们像太阳一样照耀着我们，让我们插上梦想的翅膀，飞向那令人憧憬的远方。

芜湖小记者　汤祎瑄

镜湖小学五（3）班

扎根社区　服务群众
她收获满满的幸福感

李金芳　供图

每天上午8点，李金芳准时来到位于苏宁广场的党群工作服务站，开始节奏紧凑而忙碌的工作。虽然每天面对琐碎与繁杂的工作，但是李金芳却在各个社区里收获了她自己认为弥足珍贵的东西，那就是“为居民办实事带来的幸福感，以及结交了一个又一个朋友”。

“我1962年出生，1980年参加高考，毕业后在芜湖市光华玻璃厂任会计，一直工作到2001年。”李金芳回忆说，那一年碰到国企改革，“我不到40周岁，下岗了。”当年的11月份，李金芳离开了自己工作了十几年的工作岗位。“随后，有人告诉我社区居委会招聘副主任，我想着那就去试试吧。”

很快，李金芳就走上岗位，作为社区的一名计划生育工作者，开启了新的征程。

社区工作者们每天面对的都是社区居民，处理的都是和居民生活息息相关的大事小事，一天下来那可真不轻松。在那个年代，计生工作更是得罪人、不好做的事。“我们社区有很多外地来芜湖做生意的个体户，计划生育意识比较薄弱，这的确给我们的工作带来了难处。”李金芳所工作的社区，当时有一对来自高淳的个体户夫妻，到了孕检的时候，妻子却很不配合。“在去他们店之前，同事就告诉我，她是出名的老大难，不好做工作。”但是李金芳并没有放弃，而是主动和这位妻子聊起家长里短，慢慢地，两个人熟悉起来，这位妻子就会说点家里的事。“我得知他们需要一个仓库摆放货物，这时，我就开始帮忙联系，看看有没有合适的。”最终，李金芳为夫妻俩找到了一间合适的仓库。“夫妻俩也非常感谢我，同意去医院完成孕检，现在大家都一直保持联系，成了很好的朋友。”

因为热心为居民服务，社区居民也会主动将身边事告诉李金芳。一位居民告诉她，辖区内有个小女孩，父母刚刚离异，母亲回了合肥老家。她和父亲一起居住在12平方米的小房子里，父亲还酗酒。李金芳听后非常担忧，第一时间来到小女孩家，将小女孩接到社区，和另一名同事轮流陪伴，晚上还将办公桌铺上被子当作床。同时，积极联系小孩的母亲。“最终孩子的父亲愿意将房子给这对母女，孩子的妈妈从合肥回来照顾女儿，我们给她介绍了工作，解决了生活难题。”

在社区工作后，李金芳的朋友越来越多，收获的幸福感也越来越多。让李金芳自豪的是，她退休返聘后，被推荐到苏宁广场社区，服务辖区内非公有制企业，帮助“两新”企业青年员工积极向党组织靠拢。她还连续被选为镜湖区第十次、第十一次党代会代表，这也是对她党务工作的肯定。

“作为一名党员，我时刻提醒自己要发挥党员的先锋模范作用。”在实际生活工作中，李金芳也是在一件件的平凡小事中践行着自己的承诺。

记者　汤荣汛

记者手记

为民服务解难题

社区是城市的基石。一直以来，李金芳在自己的岗位上倾听居民心声，协调社会问题，维护居民利益，发挥着自己重要的作用。

如今，社区工作的面越来越广，社区与居民的关系越来越密切。很多和李金芳一样的社区工作者情系群众，为民服务解难题。在工作中，他们牢记全心全意为人民服务的根本宗旨，将人民对美好生活的向往作为自己的奋斗目标。幸福着居民的幸福，快乐着居民的快乐。

小记者感言

好党员　好榜样

这次采访，我的采访对象是范罗山街道苏宁广场社区的老党员李金芳。采访结束后，我最大的感触就是李奶奶真是一名好党员，是我们学习的好榜样。

李奶奶在国企改革中下岗，但她并没有意志消沉，而是参加招聘，当上了社区居委会副主任，开始从事辖区内计划生育工作。为了让一位外地来芜湖做生意的个体户配合孕检，李奶奶多次上门，了解他们的难处，尽自己的努力多次协调，不但解决了他们生活上的难题，还和对方成了好朋友。李奶奶把一位父母离异的小女孩，当成自己的孩子照顾，让她最终回到了妈妈的怀抱，李奶奶还努力帮助他们解决生活中的困难。

通过这次采访，我懂得了帮助别人的时候，要多从对方的角度看问题。我要像李奶奶那样关心他人，赠人玫瑰，手留余香。

芜湖小记者　李家颖

镜湖小学五（7）班

永怀“利民”之心　为公正天平增辉

王利民　供图

牵起小记者的手，走进芜湖市中级人民法院的大门。小记者好奇地指着大门上的法徽问道：“那是什么？”“那是天平，代表着公平正义。”今天我们要走近的是一位党龄20年的优秀法官——王利民，他多次被评为优秀公务员、优秀共产党员，荣获全市法院首届个人天平奖。

在芜湖香苑社区里，有一个“特殊”的工作室——“王利民法官工作室”，多年来开展普法宣传、法律咨询、法律调解、社区志愿服务，形成了法律公益服务的品牌。王利民也成了百姓信赖的“贴心人”。

在民一庭工作的8年间，王利民处理了上千起民事纠纷。都说“清官难断家务事”，而民一庭的很多案件都是家事纠纷，繁琐细碎，当事人往往还情绪激动。家庭纠纷往往“宜解不宜结”，王利民还身兼调解员、普法员、咨询师等多种身份，以强大的心理素质接纳当事人情绪的发泄，耐心居中协调，找到利益平衡点，促成双方满意和解。

在处理一起物权保护纠纷案件时，当事人双方曾是夫妻，离婚后因房产问题闹起矛盾。案件不仅涉及当事人双方的离婚财产分割，还涉及女方父母的居住问题，双方对立情绪很大，尤其是女方，审理中几度情绪失控。案件直接判决并不能彻底解决矛盾和问题。王利民在全面分析案情后，找准双方利益平衡点，多次组织双方进行耐心细致的调解，最终双方就房产的分割和经济补偿达成一致意见，纠纷得到圆满解决。

在审判工作中，王利民公正地审理每一起案件，真诚地对待每一个当事人，对当事人不恰当的诉求不是一判了之，而是及时做好辨法析理工作，使当事人赢得坦然，输得心服。在一起民间借贷纠纷案件中，被告吴某是一位年近7旬的老人，原告张某拿着吴某写下的3万元借条要老人还钱，而吴某却辩称其已经归还张某近2万元，但并未能提交有效证据证明。二审中，老人坚持认为其已归还部分债务，并提交了其在自己的本子上记录的还款账目。庭审中双方对立情绪很大，庭后老人情绪失控，甚至以头撞墙。面对这样的情况，王利民及时予以安慰和劝解，平复老人的情绪。事后又主动约谈老人，深入浅出地为她讲明法理及法院的裁判规则，老人才终于明白，自己的账本并不能作为还款证据。案件宣判后，老人的女儿打电话过来说："王法官，我妈妈想通了，她讲你人真好，能耐心地讲给她听。判她败了，她也心服！"

多年来，王利民办理了上千起与百姓切身利益直接相关的案件，每一起公平裁决的案件背后，都凝聚着他执法为民、守护群众利益的苦心。作为一名共产党员，他要求自己永怀"利民"之心，用耐心、细心、责任心在每一起案件中全心全意为人民服务。作为一名人民法官，他追寻着公平正义的天平之梦，用不懈的敬业奉献和满腔热情为天平增辉。

记者　顾娅

记者手记

对法律事业的无限忠诚

在王利民法官的办公桌上，放着他和妻子的合照，琴瑟和鸣温馨和谐。对于一心扑在工作上的丈夫，妻子不仅全力支持，还写下寄语：“守得住清贫，耐得住寂寞。”王利民把合照与寄语放在案头，既是鼓励又是提醒。

岗位就是责任，履职就要担当。从事法律工作以来，王利民把心思和精力都凝聚在干事上，从不计较个人得失。采访中，记者得知，他参加工作以来，只请过一天公休假，而当天因为临时有工作安排，他又果断放弃了休假投入到工作中。在患面部神经炎期间，王利民仍然坚持工作，在不得已到外地治疗时还带上笔记本电脑，通过网络进行工作。

因为经常加班加点，时常无暇顾及妻子和年幼的孩子，王利民心怀愧疚。但在他的心中，能够为挚爱的司法事业奋斗，个人和家庭的一些困难，都能尽量克服。他心无旁骛专心干事，用实际行动诉说一名党员法官对法律事业的无限忠诚。

小记者感言

他是我们学习的榜样

近日，大江晚报记者顾老师拉着我的手，走进了芜湖市中级人民法院的大门。我觉得很激动很兴奋，还有点紧张！我抬头一看，天空中飘着一面鲜艳的五星红旗，法院大楼上挂着大大的国徽，显得庄严又肃穆。国徽下方还有一个法徽，上面画着一个天平，顾老师告诉我，天平代表着公平与正义。

我们当天的采访对象是王利民法官。王法官高高瘦瘦，还挺帅气，他非常和气地接待我们，回答了我们的问题，还跟我说了很多法律知识。通过采访，我知道他是一名共产党员，对工作十分认真负责，工作多年没有请过一天公休假，真是令人敬佩呀！

采访结束后，我的内心仍然不能平静，原来人民法官是这么高尚的职业！他们始终坚持公平正义的原则，一直在为维护公民的合法权益默默贡献，是我们少先队员学习的榜样！

芜湖小记者　祁采悠

芜湖师范附小三（8）班

从轧钢工成长为全国劳动模范

宋红伟　供图

一位普通的轧钢工人是如何以共产党员的标准严格要求自己、持续奋进，最终成长为高级技师，并获得全国劳动模范、全国技术能手、江淮工匠标兵、安徽省五一劳动奖章等10多项荣誉的？新学期到来，记者特意和芜湖小记者茅嘉睿共同采访了有着26年党龄、担任芜湖新兴铸管有限责任公司轧钢部党总支书记、部长的宋红伟。

一身蓝色工装，笑脸盈盈、眼神坚毅，记者眼前的宋红伟看似普通却又不平凡。回忆起刚工作、提交入党申请书时的情景，他依旧记忆犹新。“我是1989年参加工作的，因为从小爱看红色电影，怀揣着对党组织的憧憬与向往，工作第二年，刚满18周岁的我就向党支部递交了入党申请书。”宋红伟记得，当时的支部书记认为他太年轻了，还需要考验。从此，他就以共产党员的标准严格要求自己，希望能“做出点成绩”。

为此，宋红伟经常加班跟着师傅、同事们学习现场技能，下班时拿起书本用心学习专业知识。付出总会有收获，由他提出的多项技术和工艺改造被评为优秀合理化建议，获得优秀成果奖；1992年，宋红伟被评为公司“五小活动标兵”和“军钢十佳青年”；1993年车间成材率很低，作为班组质量员的他花了半年时间积极攻关，将螺纹钢成材率由96.7%提高到97.5%。“通过了考验，1994年7月1日，我终于如愿以偿加入了中国共产党。”宋红伟说，这是他人生中特别有意义的一天，终生难忘。

共产党员的身份，鞭策着宋红伟更加严格要求自己，也是他努力奋斗的力量源泉。30多年来，他踏踏实实植根于轧钢生产一线，立志产业报国，苦练技能、专注创新，见难题就上，在工艺改造、技术创新、新产品研发和技能技术“传帮带”等方面取得了骄人成果。他个人获国家专利9项；带领的“宋红伟创新工作室”完成技术改造10余项，获国家专利6项；近3年来，主持开发了17个牌号新产品。

2020年11月，穿着熟悉的蓝色工装，宋红伟庄重地佩戴上党徽和勋章绶带，在北京人民大会堂参加全国劳动模范和先进工作者表彰大会，聆听习近平总书记的讲话。回忆起那一刻，记者眼前的宋红伟充满着激动和骄傲：“这不仅是鼓励，更是鞭策，感觉肩上的责任和使命更重了。”载誉归来后，宋红伟不仅继续立足本职扎根生产一线，率先垂范干实事，还将大会精神进行宣讲，让劳动最光荣、劳动最崇高、劳动最伟大、劳动最美丽在企业和社会中成为时尚，让更多的人尊敬劳模，学习劳模，争当劳模。面对着如朝阳般的芜湖小记者茅嘉睿，宋红伟也细心叮嘱道：“你们是祖国未来的希望，不仅要爱学习，也要爱劳动，注重德智体美劳全面发展，希望你能继续奋发向上，不负期望。”“您放心，我记住了！”认真点头的茅嘉睿行了个标准的少先队队礼。

记者　芮娟

记者手记

光荣属于劳动者

全国劳动模范和先进工作者每五年评选表彰一次，代表着我国劳动工作者的最高荣誉。2020年，党中央、国务院决定授予1689人全国劳动模范称号，授予804人全国先进工作者称号。能够成为他们中的一员在北京人民大会堂接受表彰，这是30多年前的宋红伟绝对想不到也是不敢想的事。当时的宋红伟刚从技校毕业来到新兴铸管厂，还只是一名普通的一线工人。一路走来，宋红伟遇到了无数的困难和挑战，可是他一步一个脚印，扎实奋斗在生产一线，为改进产品工艺精益求精、不分昼夜；同时坚守初心，不断进行技术创新，由“工”变“匠”，完美诠释了“行行出状元”。回忆起这段经历，宋红伟始终不忘自己共产党员的身份。他说：“党是我心中的灯塔，指引人生方向，也是我努力奋斗的力量源泉。共产党员的身份鞭策我变得更加优秀，人生更加精彩。我会永远听党话、跟党走。希望这座灯塔，也能够照亮更多人的人生。”

小记者感言

向宋伯伯学习

作为全国劳动模范的共产党员是什么样的？近日，我随大江晚报记者去采访了宋红伟伯伯。全国劳动模范五年才评选一次，宋伯伯能够当选，可见他是多么厉害！让我敬佩的是，宋伯伯不仅在工作中踏实能干，获得多项荣誉和个人专利，遇到危险时还经常冲锋在前。去年长江水位持续上涨，防洪形势严峻，宋伯伯二话没说，带头组织党员、团员组成了两组抗洪突击队，坚守抗洪一线，保卫一方平安。

宋伯伯是有着26年党龄的党员，他坚持踏踏实实做人，勤勤恳恳做事。他是最普通的劳动者，他有着一颗朴实无华、无私奉献、不断创新奋进的心！我们是祖国的花朵，是国家未来的接班人，我要向宋伯伯学习，长大后为祖国作贡献。平凡的岗位不平凡的工作，也让我们向在平凡的岗位默默奉献的所有劳动者致敬！

芜湖小记者　茅嘉睿

南关小学二（3）班

服务群众一丝不苟　创新方法充满活力

段波媛　供图

芜湖市人力资源和社会保障服务中心档案员段波媛今年25岁，是本次“双百行动”中年轻党员的代表。姑娘垂肩短发，眉目清丽，和小记者交流时轻声细语，有问必答。

2014年，刚上大学的段波媛就递交了入党申请书，“我从小就很向往加入中国共产党”。申请之初，段波媛激动之余也有些许茫然，对未来的使命、要做的事情还有些懵懂。成为一名正式党员后，在辅导员的帮助下，段波媛和其他同学成立了学习小组，为组员提供课业上、心理上的各种帮扶、引导，“小组同学的反馈都很不错，我也从中理解了为人民服务的意义”。

如今的段波媛，在工作中愈发积极向上，严格要求自己。作为党小组组长，她经常组织党建和学习活动。“‘三牛’精神里有一条‘拓荒牛’，就是要有开拓创新的精神。我在组织大家学习党史的时候，就增加了一些更生动活泼的新方法。比如，我会播放革命历史题材的电视剧《觉醒年代》，还放过爱国历史题材的动画片《那年那兔那些事儿》……”段波媛说，这种生动的方式获得了很多资深党员的肯定，大家在研讨会、交流会上积极发言、畅所欲言。

作为一名档案员，段波媛日常的工作平凡而充实。在市公共就业和人力资源服务大厅，她负责流动人员的档案管理，涉及相关的学习、工作、党群关系、人事变动等材料的转入转出。“我们是直接面向老百姓办事的，每天都会接待许多市民，接很多电话。”这套工作程序枯燥而繁琐，但段波媛却干得一丝不苟，“我们要保持初心和平常心，让自己始终处于一个服务的状态，细致耐心地满足不同人的不用需求。做到有问必答，同样的话即使一天说上几十遍，但将心比心，对不同的人来说都是第一遍，一定要向别人解释说明到位。”

段波媛告诉记者，近年来，本着为群众做实事、最多跑一次的服务理念，人事服务也上了台阶，“很多事情都能网上办理，效率提升了很多，而且全程免费”。她还告诉记者，芜湖准备上一个新平台，实现数据共享，使省内档案转移将更加便捷。

对于未来，段波媛也有很多规划，“理论学习方面还要拓宽视野，工作上要提升专业能力和业务水平。作为年轻党员，我将给大家带来更多新鲜的、不同的东西，与阅历丰富的党员互补共勉”。

记者　程茜

记者手记

充满活力的年轻党员

作为一名年轻的共产党员，段波媛的强项是她的活力与创新能力，以及由此带来的变通与实干能力。

采访中，段波媛告诉记者，曾有一位女士来大厅办理档案转入，但却忘了带身份证明。段波媛在政策允许的范围内，与同事当即决定，先为她办理手续，后续再让她通过拍照发送到邮箱等方式补交材料。如此，事项当场办结，没有耽误这位女士的时间，缺少的材料也很快填补入库，可谓多方满意。

在段波媛身上，像这样“开通绿色通道”的事例还有不少。档案的转运有专门的运输系统，通常一周集中转移一次。遇上错过日期但又有急用的市民，段波媛也会尽量提供方便。“我们都会尽可能向上面申请，增加转运次数或者加快转运频率。原则范围内，能帮的一定帮。”

小记者感言

姐姐给我上一课

9月的一天中午，我和记者老师一起，前往芜湖市人力资源和社会保障服务中心采访。在五楼，我见到了要采访的优秀党员代表——段波媛姐姐。

我问了段波媛姐姐几个问题，分别是：“您是什么时候入党的？您从提交入党申请书到最终加入党组织经历了多长时间？平时，您是如何将学习党的理论知识与自身实践紧密结合起来的？在工作中，您是如何守正创新、发扬‘三牛’精神的？”

段波媛姐姐一一认真回答了我的问题。我也了解到，她在这里的工作是负责档案管理。经过当天的采访，我收获很大。我未来也要加入中国共产党，为国家和社会作贡献。

芜湖小记者　李美兮

安师大附外城东分校五（5）班

他的眼中从来没有“差生”

奚璟 摄

作为一名共产党员，他把绚丽的青春奉献给自己钟爱的教育事业，践行着一名党员的光荣责任；作为一名老师，他深爱着教育这片热土，眼中从来没有“差生”，用心播撒着希望。他就是芜湖市田家炳实验中学政教处主任、物理老师昂锋。

他获得的荣誉有很多：芜湖市“教坛新星”、市骨干教师、市物理学科带头人、市优秀共产党员、市优秀教育工作者、市五一劳动奖章获得者……但他说，这些都比不上自己学生获奖时开心。

来自育红小学旭日天都分校的小记者朱昱蒙同学，怀着对老师的尊崇，和昂锋进行了一次面对面交流，领略一位优秀党员教师的风采。

说起为何选择成为一名人民教师时，昂锋回忆道：“我小时候在农村长大，回到市里上小学时，连普通话都说不好，成绩在班级一直都是垫底，但是老师总是鼓励我，那时我的理想就是成为一名老师。”随着年龄渐长，理想的种子在昂锋心中发了芽。

在教育教学实践中，昂锋在精研教材教法的同时，更加注重对学生自主学习的指导。作为市物理学科带头人，他总是对年轻教师说：再先进的教学技术也需要学生自主学习才有效，再优秀的教师也要学生喜欢才能把书教好。昂锋在课堂上经常采取“轮流讲”等小组学习模式，激发学生主动学习的热情，将很多老师认为“最难上”、学生认为“最枯燥”的物理，上成了学生最喜欢的课程。

班里的叶同学一开始对物理学习没有信心，总认为自己没有学习物理的能力。昂锋让他在学习小组里当组长，每天把自己学到的知识讲给同学听，坚持了两周，该同学这才明白讲的过程就是在整理和归纳。正是昂锋无私的付出，这名同学最后考取了理想的大学。

昂锋不仅出色地完成自己的教育教学工作，还组织学校教师开展教学研讨活动，为学校物理教学、创新人才培养注入了新的活力。昂锋也积极指导年轻教师，指导的多名老师获得省优质课奖项。

2015年，昂锋担任学校政教处主任一职，负责学校的德育管理工作。刚接手这项工作时，他面临班主任德育理念落后、学生对学校德育工作缺乏认同感等一系列困难。昂锋和学校老师多次提到：“教育是以生命影响生命的事业，不仅是知识的传授，还有比知识更重要的东西，比如教师的言传身教，会融入并久远地留在学生的心灵里。”正因为深知德育在育人工作中的重要性，他狠抓学生的行为规范管理、班主任工作的量化考核、德育特色文化建设等，达到育师育生“双育人”的目标。经过坚持不断努力，芜湖市田家炳实验中学初步建立了特色鲜明的德育教育框架和德育评价体系，总结提炼的“1—3—9自主管理”德育模式获市案例评选二等奖。

采访结束，昂锋老师对小记者提出14字寄语：学习、思考、再学习；求真、务实、再求真。而这14个字，也是昂锋多年以来对自己的要求。他说：“十年树木，百年树人，培养教育孩子绝不是一件容易轻松的事情。要说是什么支撑着我在教书与育人方面愿意付出这么多，那便是教师职业带给我的荣誉，是党员身份带给我的信念。”

记者 奚璟

记者手记

常怀感恩 用心教学

戴着眼镜，说话慢条斯理，话语间透着一股稳重，这是昂锋给记者的第一印象。交谈相处中亲切的态度、幽默的语言、丰富的人生经历给小记者带来满满正能量。

谈到教学，谈到学生管理，昂锋满满都是爱。小记者问昂锋，什么样的学生才是好学生？昂锋说，在他的眼里，从来就没有“差生”，教育好每一个学生，教师责无旁贷。自从踏上三尺讲台，他就经常告诉自己，要用心教学生，用全部的爱呵护每一颗心灵。“在读初中之前，我在班级都是‘倒数’，还有比我更差的学生吗？当年我的老师给了我呵护与鼓励，我的内心常怀感恩，希望我成为一名老师后，能够回报以前的老师，也想让和自己一样差的学生得到好的发展。”说这话时，他眼神中流露出的是信任和期许。

百世之师，德被四方。我想，一定还有更多学生在昂锋的鼓励下找到属于自己的人生轨迹，他们正朝着梦想一步步努力前进着。

小记者感言

尽职尽责 爱岗敬业

采访当天，在奚璟记者的带领下，我在芜湖市田家炳实验中学见到了昂锋老师。他身着白衬衫西装裤，特别精神，我拘谨地喊了声：“昂老师好！”昂老师笑容满面地应答着，拍拍我的肩膀说：“小伙子有点瘦呀，平时要加强锻炼。”昂老师带着我们进了会议室，还给了我一瓶果汁。我之前悬着的一颗心顿时轻松下来，没想到昂老师如此和蔼可亲。

昂老师曾是班级里不起眼的孩子，因为老师的关心和关爱，他后来逆袭成一名“学霸”。在他的眼里，没有“差生”，他更看中的是学生的品质。

采访很快就结束了，昂老师提出了14字寄语，我一直刻在脑海里：学习、思考、再学习；求真、务实、再求真。还有昂老师说的加强锻炼，我一定会好好学习，积极锻炼，长大后为祖国多作贡献。

芜湖小记者　朱昱蒙

育红小学旭日天都分校四（8）班

扎根教育三十载 润物无声育桃李

奚璟 摄

“教学最重要的是了解孩子，要因材施教，以学生为主体，让学生真正成为学习的主人。”这是扎根教育三十载的芜湖市优秀党员戴炜老师经常说的一句话。

从三尺讲台到幼教教研员，30年来，她始终默默坚守在教育岗位上。无论是担任小学语文教师、学校教务处副主任、教科所科员、在教育局挂职，还是如今担任教科所副所长，戴炜几十年如一日，倾情教育，倾力培养青年幼教人才。她带领的芜湖幼教队伍在安徽省学前教育教科研各项评选活动中，成绩始终名列前茅。

1992年8月，满怀理想的戴炜怀着满腔热情来到绿影小学，成为一名语文老师兼任班主任。彼时绿影小学才创建1年，因为师资力量不够，戴炜还承担思想品德、音乐等学科教学任务。虽然工作忙碌，但是她却觉得很幸福。她深知自己的讲台下是祖国的未来，肩上承载着一个个家庭的希望，所以工作中认真负责，尽力尽心，交出了一份份让学校、家长和学生都满意的优秀答卷。

作为一名语文教师，戴炜始终在反思自己教学中存在的问题，利用课余时间刻苦钻研教材，逐渐形成了具有自己特色的教学方法。1996年、1999年她连续两届获得芜湖市青年教师阅读教学大奖赛一等奖。2002年她作为芜湖市的唯一代表，参加了“全国优秀青年教师访日代表团”，赴日本进行了为期21天的访学活动。作为一名班主任，戴炜勇于探索以学生为本的班级管理模式，为学生搭建展示自我的舞台。她中午很少回家，总是留在办公室批改作业，或进行个别辅导，或是找学生谈心，了解学生们的心理健康状况并及时给予疏导。

用心了，总会有惊喜。戴炜担任四年级语文老师时，班级一位同学因为小时候打针导致听力障碍，但她母亲教会她读懂唇语。戴炜特意把她调到前排，给她安排了一位乐于助人的同桌，上课时常提醒自己要面对她说话，也特别注意放慢自己的语速。在戴炜的指导帮助下，这名学生变得乐观开朗起来，成绩也飞速进步，还多次被评为芜湖市和校级“三好学生”。

2003年，戴炜调入市教科所，担任学前教育教研员，兼任财务工作。由小学语文教师成为幼教教研员，跨领域、跨学段、跨学科的岗位，对专业能力和综合素养提出极大的挑战。尽管工作量大，任务繁琐，但戴炜集体荣誉感强，敢于承担繁重而艰巨的任务。担任全市幼教教研员十余年来，秉承“一切为教师发展，成就教师职业幸福”的理念，她甘为人梯，一心扑在教研和青年教师的培养上，带领一批又一批园长和年轻教师逐渐走向成熟。

芜湖市的幼师师资水平良莠不齐。为此，戴炜每年组织开展送教下乡、骨干教师培训、学科评优等活动，采取多层次培养教师的策略，加强教师队伍的梯队建设。2020年，她和安徽省教科院联合申报的“建构幼儿园课程审议模式的实践研究”，被安徽省教育厅批准为2020年度安徽省教育科学研究重点项目。项目的研究，极大地提升了全市幼儿教师的教科研意识和水平。

多年砥砺前行让戴炜荣誉满满，她先后被评为芜湖市“优秀园丁”、市首批骨干教师、学科带头人，担任安徽省教育学会学前教育分会常务理事、安徽省民办学前教育规范管理专家委员会委员等。

记者　奚璟

记者手记

教育不仅在教书更在育人

作为一名老师，戴炜细心关注学生的心理变化，让他们健康快乐地成长；作为一名幼教教研员，她一心扑在教研和青年教师的培养上，是当之无愧的优秀共产党员。

在面对小记者的采访时，戴炜一直保持亲切的微笑，让小记者紧张的心情很快放松下来。30年的教育情怀，让戴炜习惯了在学习中思考、在服务中教研、在引领中共进。在采访的过程中，戴炜说过最多的一句话就是：“教育是面向孩子的教育，教育不仅在于教书、传授知识，更在育人。”这充分展现出一位像春雨般滋润学子，为人民服务的优秀教师、优秀党员的光辉形象。

“人的一生很短暂，做出点事情不容易，现在的我很感谢当年努力的我！”这是采访结束时戴老师对自己的一句总结。虽然采访时间不长，但是这个带着她的幼教团队向前行走的幼教人，却在记者的心中留下了长久的感动。

小记者感言

我心中的优秀党员老师

我很幸运自己能够参加芜湖“双百行动”——百名小记者采访百名不同时期优秀共产党员。一个周六的早上，我跟着记者老师走进了芜湖市教育科学研究所，采访优秀党员戴炜老师。

采访过程中我了解到，戴老师不仅是一位优秀党员，还是一位骨干教师。1992年，戴老师在芜湖师范学校毕业后被分配至绿影小学从事语文教学工作。戴老师在学校时的经历，让我感慨颇深。戴老师每天中午都会为学生们批改作业；戴老师对每一位学生都很负责，会用心地去了解每一位学生；学期期末时，戴老师会留在班级，为成绩不好的学生义务补课，她有时为学生讲课饭都来不及吃……这样一位爱岗敬业、恪尽职守、爱护学生的老师真是值得我们尊敬的好老师。

戴老师对我说，小的时候学习习惯要养好，要打好基础，要自律。在家要多阅读，可以多看一些散文、唐诗、宋词等。戴老师的话我都牢牢记在心里，并且告诉自己一定要好好学习，将来也要像戴老师一样，做一位对祖国有用的人。

芜湖小记者　朱佳乐

碧桂园小学五（2）班

他“扎根”铁路四十载初心不改

芮娟　摄

扎根铁路系统40年、现任中国铁路上海局集团有限公司芜湖车务段党委书记、副段长的韩炜，见证了中国铁路发展的一次次奇迹。作为一名入党38年的老党员，他始终坚持听党话、跟党走，砥砺奋进，带领着勇往直前的铁路人，以实干成绩交出了一张张满意的答卷。

“我1981年7月16日参加工作，于1983年3月30日加入中国共产党。”对于自己的工作和入党时间，韩炜至今记忆犹新。20世纪80年代的铁路设备设施还比较落后，刚参加工作的韩炜被分配到上海铁路局蚌埠分局青龙山站从事扳道员工作。这是铁路系统最基层最有代表性的工种之一，主要是在列车进出站前执行铁路行车室发出的指令，人工操作道岔，扳到列车进出需要的轨道上，以保证列车行驶的正确和安全。扳道员工作虽不复杂，却承载着千钧责任。韩炜细致认真，从未出丝毫差错，期间积极向优秀同志学习，追求进步，积极向党组织靠拢，郑重地递交了入党申请书。

从扳道员到值班员再到技术员时，韩炜接到了一项重要任务——负责车站能力的查定工作。这是铁路技术作业站的一项基础工作，也是技术性非常强的专业工作，需要准确计算出车站的改编能力和通过能力。在当时还没有电脑也没有智能办公系统的年代，20多岁的韩炜带领着三四十人，共同完成作业写实、数据分析、综合计算、车站能力说明书编制工作，难度很大，任务艰巨。令人欣喜的是，韩炜用细致扎实的行动，在三个月的时间内圆满完成了任务。最终，积极踏实、工作突出的韩炜顺利通过了党组织考验，光荣地加入了中国共产党。

2013年，韩炜被调到芜湖车务段担任党委书记、副段长。芜湖车务段管辖皖南6市17县，宁芜、皖赣、芜铜、铜九、宁安、合福、黄杭、合杭等高铁沿途共计81个车站，是国铁集团的重点运输站段之一。运营里程从2015年的662.5公里扩充到目前的1254公里，一直安全平稳。芜湖车务段队伍稳定，曾获得省“安康杯”竞赛优胜单位、集团公司“文明单位”等荣誉称号。芜湖车务段党委连续多年荣获集团公司“学习型领导班子”“先进基层党组织”“宣传思想文化工作先进单位”“宣传思想文化工作十佳单位”。

芜湖车务段现有党员近800人。作为一个规模大、人数多的基层党组织，芜湖车务段党委突出政治性统领、服务性保障、规范性强基、实效性达标，紧密结合“我为群众办实事”实践活动，通过员工自行采编《身边的感动·来自芜车的一百个故事》，开展“我帮您雷锋服务台”真情服务等品牌活动，激励广大员工为身边同事、为旅客解决一件生产生活中的实际困难，激发爱党爱国、爱路爱岗、拼搏奋进的内生动力。

“人民铁路为人民！”韩炜坚定地表示，他会继续推动党建工作走“新”走心，让越来越多的铁路旅客感受皖南文化魅力，体验芜湖车务段的温馨服务。

记者　芮娟

记者手记

将职工装在心中

群众路线是党的根本工作路线。作为一名基层党务工作者，韩炜始终将广大职工装在心中，坚持依靠群众、服务职工。为此，在关心职工物质、精神文化生活，加强家园文化建设的同时，他鼓励职工记录生活点滴和工作感悟，增强主人翁意识。采访中，记者看到了厚厚的一本由《职工办刊职工写》《职工交流写职工》合订的杂志《新起点》，还有一本《身边的感动·来自芜车的一百个故事》。每一篇文章、每一个故事，都真真切切地反映了普通一线职工与芜湖车务段共奋进的感动，让职工有了荣誉感、归属感。其实，韩炜书记本人也很擅长写作和书法。他是中国铁路书法家协会理事、安徽省书法家协会会员，他将铁路精神、铁路人的感悟融入书画作品，以笔寄情，以墨抒怀，并曾多次获奖，唱响了繁荣铁路企业文化的主旋律。

小记者感言

一次印象深刻的采访

近日，我跟随大江晚报芮记者一起来到芜湖车务段采访。我们面前的韩爷爷虽然头发有些花白，但穿着“铁路蓝”制服，精神干练，笑脸盈盈，让我感到十分亲切。

韩爷爷1983年3月30日入党。入党之前，他是一名普通的扳道员，日夜细致工作，从未出过任何差错。入党后，他一直严格要求自己，扎实做好党务工作。2013年，他来到了芜湖车务段，芜湖火车站就是段管的81个车站之一。那时候的芜湖火车站列车班次少、乘车条件差，可优质服务从未缺失。时代发展了，韩爷爷时刻不忘践行芜湖车务段的服务理念——让旅客

“感受皖南文化魅力 体验芜车服务温馨”。

韩爷爷特别谦逊低调。采访中，对于他个人的努力和奉献，他总是说不值一提；但当谈到集体、职工所获得的荣誉，作为党委书记的他却滔滔不绝，表现出骄傲和自豪。采访最后，韩爷爷鼓励我要好好学习，全面发展，健康成长。他说：“你们青少年是祖国的未来，是民族的希望。”放心吧！韩爷爷，我一定会好好学习，长大以后做一名像您一样优秀的共产党员！

芜湖小记者　黄瑞怡

绿影小学五（5）班

坚守初心十四载　深耕细作在校园

奚璟　摄

“作为一名党员，要有奉献精神，只有从心里发出来的，才能打动心的深处。”这是安师大附外的信息技术教师罗萍萍写在纸上的一句话。大学毕业后，罗萍萍在信息技术学科已经辛勤耕耘了14个春秋。在教学中，她以学生快乐学习为宗旨，让学生们在动手动脑中爱上信息技术。在党支部建设和学校发展的过程中，她不忘为党育人、为国育才的教育初心，用智慧和勤劳助力学校发展。

2007年，罗萍萍大学毕业后，成为芜湖市火龙岗中学一名信息技术教师。回首那段岁月，留给她的是难忘的快乐。“早期，火龙岗中学仅有一名临聘信息技术教师。那时候对计算机设备的投入和现在相比有很大差距，机房比较旧，学生基础比较薄弱，怎样让从未了解过信息技术知识的学生，熟练地掌握信息技术最基本的知识，这给我出了一个大难题。”

罗萍萍下定决心，要用自己的专业知识，带领同学们开阔视野。她开始大量搜集信息技术方面的资料，补充大学没有学到的知识，梳理出适合火龙岗中学学生的教学内容和教学方法。

她时时刻刻以共产党员的标准严格要求自己。在学校首开对口升学班时，她连续三年担任该班专业课教师。专业课程的知识体系有别于原本任教的普通高中知识内容，她一人挑起了两门专业课的大梁，新课程、新教材，一切都需要重新学习。另外，她还承担着普高9个班级的教学任务。早上出门时天还没亮，晚上回家时已是夜深人静。但是站在教书育人的三尺讲台之上，罗萍萍丝毫不敢马虎松懈，积极勇挑重担，出色地完成了教学任务。

罗萍萍不仅忙于对课堂教学的研究，还忙于学校的计算机和网络维修及机房管理；经常帮助其他老师解决电脑使用中的问题，成为老师们认可的电脑“高手”。

2016年，罗萍萍被借调到市教育局组干科，开始接触党务工作。2017年，罗萍萍全面负责“爱党建”在市直属教育单位中的应用与推广。她将火龙岗中学作为教育系统首批试点单位，和同事们共同学习新系统的使用规则。她总结经验做法，形成一套切实可行的操作教程，取得良好效果。这一年的年末，她突发急性阑尾炎住进了医院，但她在病床上仍坚持工作，术后三天就办理出院，继续完成手中的任务。

“这是我的责任，我只是努力做好自己的工作，我既然选择这项工作，就一定要把它做好。”这是她常挂在嘴边的话。朴实的语言，体现的却是一位党务工作者一心一意、尽心尽力做好党务工作的心。

2019年，罗萍萍进入安师大附外工作，除了教学，还在校党建办工作，她结合工作实际勇于创新。学校地处闹市，每天放学时段接送学生的家长众多，车辆拥堵不堪。针对这一状况，罗萍萍提出创意，设置了“党员护学岗”，带头在放学时段指挥家长将车辆按序停放、学生有序排队出校，大大缓解了校门口拥堵情况。

2020年9月，罗萍萍担任校第一党支部书记后，工作任务增加了许多，但是她还像以前一样认真对待每一件事情。除了落实好“三会一课”，她还策划多种形式的主题党日活动，参与组织开展“颂歌一曲送给党”“建党百年路，附外赤子心”等大型活动。党员教师在主题党日活动中，不仅加强了政治理论学习，还能更好地秉承革命精神，发挥党员先锋模范作用，全身心投入到教学工作中。

无论在哪里工作，罗萍萍都兢兢业业，她享受一路走来取得的进步。她默默工作的样子，已成了大家记忆里的常态。正是她身上这股坚守初心、爱岗敬业的劲儿，让她在争优创先的路上走得更远，成为大家学习的榜样：2014年，她被评为芜湖市优秀教育工作者；2021年，她被评为芜湖市优秀共产党员。

记者　奚璟

记者手记

爱与责任　赋能未来

采访中，罗萍萍言语直白简短，轻柔地述说着自己的成长经历。聊起教育事业，她很热情。

大学毕业的罗萍萍成为一名老师，对教学的热爱帮助她度过了最困难的适应期。也正是教书育人的工作，让她找到了一条乐意行走并让她真心快乐的道路。十多年过去了，罗萍萍在她选择的这条路上，找到了一个老师的荣耀，收获了许多真情与感动。

爱与责任，赋能未来！在学校这个无数学子梦想开始的地方，记者有幸分享了罗萍萍作为一名教育工作者的荣耀、梦想与感动。我相信，不仅在安师大附外，在芜湖市教育系统，还有许许多多和她一样的教育工作者，坚守岗位，无私奉献，他们赋予更多学子梦想的翅膀，助力孩子们人生出彩！

小记者感言

做爱岗敬业的楷模

那天上午的采访让我记忆深刻，这是我第一次作为小记者和优秀共产党员教师进行“对话”。刚进入安师大附外的东门，我就瞧见两行高大又挺拔的梧桐树，见到了和蔼可亲的采访对象——罗萍萍老师。

大学毕业后，罗老师就从事信息技术学科教学。当时学校整个计算机专业的教学就只有她一个老师。此外，罗老师还承担着普高9个班级的教学任务，但她从来没有抱怨过，她说：“我是一名人民教师，教师就是恨不得把自己知道的全部知识传授给自己的每一个学生。我还是一名中国共产党党员，我不会放弃任何一个学生。”

在采访中，我向罗老师敞开心扉：“我的理想也是成为一名教师。”罗老师告诉我：“教师是一个光荣的职业，教师对学生是毫无保留的。同父母对孩子的期望一样，教师对学生是无私陪伴、倾力相授的。”听了罗老师的一席话，我深受感染。罗老师，谢谢您！强国有我！红色传承有我们！

芜湖小记者　周子琪

安师大附外城东校区四（4）班

倾心教育事业　尽己所能奉献社会

舒芹　摄

6月9日下午，记者和绿影小学的小记者周沁睿见到了党员温宗培老人。87岁的温老有点消瘦，但精神矍铄。见到温老，记者倍感亲切，因为他曾是大江晚报评选的第三届芜湖十大平民英雄之一，是江城自愿辞世后捐献遗体的第一人，还获得过安徽省教育系统关心下一代工作先进工作者奖，结对帮教过十余名有“问题的”少年。做这一切，他说只是在践行一个共产党人的职责，尽己所能，帮助更多需要帮助的人。

温老1955年从芜湖师范学校毕业，一生奉献教育事业。曾在芜湖多所小学担任过数学老师，1995年从王家巷小学校长岗位上退休。退休后一直在学校关工委发挥余热，结对帮教过很多“问题少年”。其中一名叫李明星（化名）的少年让温老倾注心思最多。

温老认识小李是在汀棠派出所，他当时因为社区的事联系派出所，在所里他见到了因为偷窃被送来的小李，小李当时还是一名五年级的学生。小李一岁时就没了母亲，父亲靠捡破烂为生，他从小便没人管教，温老了解情况后，当即便决定和他接对帮教。说到做到，温老联系学校老师、李明星父亲，时常关心他的学习和生活情况。某一年的8月中旬，温老接到无为县公安局的电话，说李明星在无为偷窃被抓，温老不顾天气炎热，花300元钱叫了出租车，带上李明星的父亲就去无为公安局接人。在后来的近十年岁月里，温老一直关心着小李的成长，介绍小李到修理店当学徒，并做担保，负责他的一切，解决他的吃住，教育他成为一个对社会有用的人。像这样的结对帮教还有很多。作为王家巷小学关工委常务副主任，温老说，老师平时教育孩子，更注重学习成绩；我们发现有问题的同学，更希望引导他们知道为什么要学习，要让他们树立理想、信念，从心底知道要成为一个怎样的人。

温老关心下一代，也关心社会变革，并身体力行。2006年，一则关于殡葬改革的报道引起了温老的关注，他心里萌生了捐献遗体的念头。他说捐献遗体，第一可以节约土地资源，第二可以用自己的躯体帮到别人，第三可以简化仪式，不给家人增加负担，何乐而不为？在征得家人同意后，温老填写了《志愿捐献遗体申请登记表》，成为安徽省第27名、芜湖市首位自愿捐献遗体的人。温老说："我是唯物主义者，生死我觉得很正常，只想多做些有价值的事，不论生前还是死后。"

在采访时我们还见到了温老的爱人柏老师——一位中学退休高级教师。柏老师感慨地说，温老一生对党无比忠诚，虽然他的入党经历有些曲折。温老1962年第一次递交了入党申请书，一生递交过30封入党申请书。1969年，那个特殊的年代因为一些原因，他的党员转正没有通过，他因此一个月没有睡过一个整觉，心里难过极了，但他入党的心始终坚定，并定期撰写思想汇报。2008年，已经退休十多年的温老，终于从预备党员转正了，他兴奋得像个孩子："我终于完成了我的心愿！"

温老说："这么多年，我的初心不变，向往加入中国共产党，因为我心中始终有一个信念——为实现共产主义而奋斗。余生，我将继续发挥余热，永葆共产党人的本色，奉献社会和人民！"

记者　舒芹

记者手记

时刻将祖国放在心上

采访温老时，他给我看了一篇他自己写的文章《建党百年感悟》。那是4月底，温老受邀参加在王稼祥纪念园举办的“双百行动”启动仪式回来后写的。在文中他写道：“今天，我们比历史上任何时期都更接近、更有信心和能力实现中华民族伟大复兴的目标。作为共产党员，我一定不忘初心，牢记使命，虽退有岗，人不能延续生命的长度，但可以拓宽生命的宽度，把余生之路步步走好，不要人夸夕阳好，保留余晖满乾坤。”温老的话发自肺腑，打动了记者的心，也让小记者周沁睿沉思了良久。

周沁睿是绿影小学四年级的学生，此次来采访一位老党员，他和父母都特别重视。采访之前，他就和妈妈上网搜索，并找相关部门了解温老的故事。在采访中，他仔细倾听，认真地做着记录，翻看温老一本又一本的荣誉证书，在看到温老写的这篇文章后，他反复读着。温老看着他认真的模样，笑着和他交流自己的爱好，并告诉他爱好可以广泛，但学生时期就要树立远大的理想，要努力学习，长大后报效祖国，时刻将祖国放在心上！

“时刻将祖国放在心上！”这是温老对周沁睿的教导，也是温老一生不变的初心！

小记者感言

精诚所至　金石为开

今年是中国共产党成立100周年，我有幸参加了芜湖市关工委和芜湖传媒中心联合举办的“双百行动”。在采访活动中，我认识了一位老党员——温宗培爷爷。

温宗培爷爷出生于1934年，今年已经87岁高龄，可是当我问他是什么时间入党的，他告诉我他2008年正式加入了中国共产党。听到这个年份的时候，我惊呆了，按照温爷爷的年纪，他入党时已经70多岁了，我赶忙问温爷爷为什么这么晚才入党。原来，早在1962年，他就递交了第一份入党申请书，此后，他一共递交了30封入党申请书，但因为种种原因，他一直没有成为一名共产党员。但他信念不变，他认为成为一名光荣的共产党员是他毕生的追求，他也一直在用共产党员的标准要求自己。终于，精诚所至，金石为开，他的决心和行动使得他在2008年正式成为一名中国共产党党员。

是什么样的动力，让温爷爷从不放弃呢？温爷爷说了一句让我铭刻在心的话："我入党不是为了做官，不是为了好看，入党动机一定要纯，要为实现共产主义而奋斗。"多么朴实的话语，却道出了一位老人对党的热爱与忠诚。临走时，他对我说："只要全国人民向一个目标努力，目标就一定会实现。"是啊，万众一心，其利断金，还有什么困难不能克服呢？

采访温爷爷的点点滴滴，让我对中国共产党充满敬意，我也会努力，当好中国特色社会主义事业可靠接班人。

芜湖小记者　周沁睿

绿影小学四（3）班

八旬老党员坚持做好“群众的服务员”

吴敏 摄

作为一名党龄逾50年的老党员，今年80岁的王家齐并没有选择在家休息，而是热心社区公益事业。在四湾社区党委支持下，2011年牵头成立老年人互助会，他常年关爱帮助辖区老人，坚持践行一名共产党员的初心与使命。

1941年出生的王家齐于1958年通过招工进入芜湖冶炼厂工作，1968年加入中国共产党。王家齐说：“入党后，对自己的要求就更严格，工作中生活里都要时刻牢记自己是一名党员，要发挥党员先锋模范作用，要多为身边群众做好事。”大家都知道王家齐是个“热心肠”，左邻右舍遇到困难，他总是放下手里的事来帮忙。

2011年，王家齐和一些退休的党员有一个共同感受，就是身边老年人越来越多，而年轻人越来越多地选择到外面发展，社区出现了更多空巢老人。作为社区老党员与公益热心人，王家齐没有袖手旁观。他向四湾社区党委汇报了自己的想法，组织成立老年人互助会，让更多身体硬朗、健康状况良好的老人发挥余热，帮助有需要的老人。2011年底，四湾社区老年人互助会成立。

据介绍，该互助会的宗旨是“互助、交友、关爱、娱乐”。这一老年人互助团体成立以来，一直尽心尽力照顾困难老人，积极组织健康向上的文化活动。王家齐切身感受到，老年人普遍关心健康问题，为此，他经常组织老年人互助会举办健康知识讲座。每次活动，社区党委都很重视并给予支持，他邀请到一些专家医生，做有针对性的讲座，或者举办一些义诊，深受老人们好评；还邀请法律专家来开讲座、答疑解惑；王家齐特别能体会空巢老人的寂寞，想方设法带领老年人互助会为老年人提供丰富多彩的精神文化生活。在坚持做好“群众的服务员”过程中，八旬老人王家齐践行着一个退休党员的价值追求。

王家齐告诉记者，老年人互助会对困难老人特别关心。他们会对高龄空巢老人开展“爱心敲门”活动，呼吁身体条件好的老人对高龄老人多一份关注与关心，在力所能及的情况下，帮助身边困难老人做一些家务活。老年人互助会也会不时为有困难的老人组织志愿服务，提供打扫卫生、洗衣做饭、陪同看病、代购配药等帮助。

多年来，王家齐不求名不求利，一直牢记自己是一名共产党员，尽力为社会做些好事实事。

记者　吴敏

记者手记

尽一个党员的本分

今年80岁的王家齐，在社区党委的支持和帮助下，牵头成立老年人互助会已有10年。10年来，王家齐始终将办好老年人互助会当作自己重要的职责，无论是了解老年人的需要，组织安排各种活动，还是上门为有需要的老年人提供关爱服务，他都一直坚持做好做实。事实上，王家齐自己家也有诸多困难，那么他为什么还要这样坚持，这样无私付出？

老人告诉记者，他出生于旧社会，从记事起就体会到旧社会劳动人民的苦难，新中国成立后他深切地感受到人民真正当家作主，作为党员，他一定要发挥党性，尽一个党员的本分。“虽然我能力不强，但是能发挥一点作用，为群众提供一点帮助，我就很高兴。”

小记者感言

一次深刻的教育

日前，我跟随大江晚报记者吴敏老师来到四湾社区，采访一心为群众作贡献的王家齐爷爷。

王爷爷身穿红色T恤衫，别看他已经80岁了，却依然精神抖擞。我为王爷爷戴上了鲜艳的红领巾，向他行了一个标准的队礼。

王爷爷一直以共产党员的标准严格要求自己。他在退休以后，牵头成立了老年人互助会，继续为大家服务。老年人互助会已经成立十年，开展了健康知识讲座、唱革命歌曲等许多活动，丰富了老年人的生活，解决了老年人不少困难。

从王爷爷和我的对话中，我知道他加入中国共产党是多么的骄傲和自豪。入党后，他更严格地要求自己，全心全意地为人民服务。他还要求我们小朋友努力学习，掌握更多知识，继承我们国家的传统美德，为更好地服务人民打好基础。

在采访中我受到深刻教育，同时也在与王爷爷的对话中收获感动，这将促使我在新学期里努力学习、继续加油！

芜湖小记者　曹青怡

绿影小学五（4）班

84岁老党员不忘使命热心公益

吴敏　摄

尽管已是84岁高龄，陈克强最近还是不时往王家巷社区跑，只为给辖区放暑假的孩子们上党课。作为一名从中学政教处主任岗位退休的老教师，陈克强一辈子想的都是做一个称职的教师，做一个有觉悟的党员，帮助引导孩子们树立正确的人生观、价值观。

日前，记者与育红小学的小记者王孙隽熠一同来到王家巷社区采访时，陈克强正在与孩子们开展党史学习教育活动。王家巷社区党委书记袁莉告诉记者："陈克强老师已是高龄老人，但总是记着自己是一名老党员，他说只要还能动就要发挥党员的先锋模范作用。暑假开始后，陈老就来问我们，暑期教育什么时候开始。我们非常感动。”

陈克强给孩子们上完党史学习教育课后，还陆续回答了一些孩子的问题，这期间连一口水也没顾得上喝。当得知大江晚报记者带着小记者来采访他，让好故事感染更多人，老人非常高兴。

陈克强告诉记者：“我是1937年出生，大概3岁的时候，父亲就去世了。好在当时我的哥哥、姐姐已经长大了，和妈妈一起把这个家支撑起来，让我能到学堂读书。知道这一切来之不易，所以我当时也比较争气。1947年，妈妈积劳成疾去世，哥哥、姐姐辛辛苦苦地劳作，让我得以长大成人。”

小学毕业的陈克强因学习优秀，被推荐考入师范学校。在师范学校读了约5年后，陈克强被分配到芜湖市罗家闸小学，成为一名小学教师和少先队大队辅导员。一年后，陈克强因表现突出，被推荐参加高师选拔考试，进入徽州师专，接受了一年的高师速成班进修，通过考核被分配在芜湖市第九中学即现在的田家炳中学任教。不管是作为一名普通教师，还是作为一名共产党员，走上学校部门负责人的岗位，陈克强一直兢兢业业，以教书育人为己任，永远忘不了“党的恩情大如天，我要永远跟党走，时刻牢记我是一名为人民服务的党员”。

2020年，各社区严格落实疫情防控要求时，陈克强到社区捐赠了一万元，希望为社区防控工作作一点贡献。他说：“我年事已高，不能陪你们值班巡逻，但还是想做一些事情。我经济条件尚可，请允许我通过捐赠的方式参与到疫情防控中，不然我内心不安。”

当日在采访中，小记者王孙隽熠听了陈克强的讲述后深受鼓舞，说道：“陈爷爷，您的故事让我们知道中国共产党的伟大，我们要向您学习，听党话、跟党走，长大好好为人民服务。”

记者　吴敏

记者手记

牢记党恩 一生坚定跟党走

84岁的退休教师、老党员陈克强在接受记者采访时反复强调的是，“我要永远跟党走，这是我对党的承诺”。这位老人可不是说说而已，他一直在用行动践行着自己的诺言。

在教导学生时，他告诉学生：“没有正确的人生观、价值观，能力再强也不能做好党安排的工作，也不能为国家、民族作贡献。”退休后，陈克强在社区开展公益工作中也是一样，作为社区关工委成员，陈克强同样注重引导青少年树立正确的人生观、价值观。今年以来，他在社区积极开展党史学习教育宣讲，受到社区好评。

2020年疫情防控期间，虽然年事已高，不能参与社区巡逻值守工作，陈克强依然不甘人后，践行党员奉献精神，主动捐赠一万元助力抗疫。

为什么陈克强能一生坚定跟党走？因为他能牢记党恩，牢记一名党员的初心使命。

小记者感言

我也要永远跟党走

在酷暑难耐的三伏天，一位老人步履蹒跚地来到社区，在给孩子们上过党课后，他声音洪亮地对工作人员说：“我还要去交党费！”这位84岁高龄的老人就是老党员陈克强爷爷。

作为一名芜湖小记者，我很荣幸能够采访他。陈克强爷爷满脸慈祥地向我讲述那些难忘的岁月。他3岁丧父，10岁丧母，是中国共产党给了他读书的机会，培养他成人成才。

陈爷爷从一名普通的教师到部门负责人，四十年如一日，爱校如家，即便是病痛在身，也从来没有请过一天假。在生活上，他对学生关心爱护；在学习上，他严格要求，关心着每一个学生，教会他们做任何事都要持之以恒。退休之后，陈爷爷也没有闲着，仍在从事社区公益事业，关心青少年健康成长。他教导我们："良好的品德是前提，把身体锻炼好，才能够有好的成绩，才能成为对国家和社会有用的人!"

作为一名老党员，陈爷爷最想对党说："我要永远跟党走!"他的话深深地感染着我。作为新时代的少先队员，我要向他学习!

芜湖小记者　王孙隽熠

育红小学二（2）班

她这一辈子最大的追求，就是要入党！

吴安亚　摄

“中国好人”、全国学雷锋标兵、安徽省道德模范、芜湖市优秀共产党员高述红，在芜湖市餐饮界可是一个传奇人物。作为一个“外行”的女企业家，高述红于2002年接手“耿福兴”商标，并将新店落户于刚刚“开街”的镜湖区凤凰美食街。2013年3月，高述红光荣地加入了中国共产党，她幸福地说：“我这辈子最大的追求，就是要入党！我志愿加入中国共产党！从此，我成了一名中国共产党党员！”

“我热爱中国共产党……为共产主义事业奋斗终身……”早在1978年上高中二年级的时候，高述红就写了她人生的第一份入党申请书，交给了学校教导处。当时她是班级的团支部书记，积极要求政治上的进步。十年之后，她把自己的第二份入党申请书，交给了所在的芜湖市木材公司党支部。“我的母亲一辈子最感谢的就是中国共产党，她认为自己的一切都是党给予的。在她的引导下，我对成为一名正式党员，十分向往！”谈到入党的初心，她说：“在党的领导下，我才能更好地进步！听党话、跟党走，因为只有共产党才能带领人民过上好日子。”从2002年10月29日“耿福兴”在凤凰美食街重新开业始，每隔3个月，高述红就要至少交一份入党申请书。如今，她已经是芜湖耿福兴餐饮管理有限公司党支部书记、董事长，镜湖区工商联党组成员。

21世纪初，高述红出于一种责任感与使命感，果断出资购买了老字号“耿福兴”，并成为“耿福兴”第一个女“掌门人”。她将下岗多年的厨师及职工，招聘回来成为“耿福兴”员工，芜湖市民又尝到了原汁原味的“耿福兴”传统美味小吃。

“共产党员要有责任和担当，要起到模范带头作用；要实事求是，办事要严谨，要密切团结和关心群众。”在“耿福兴”三楼的会议室内外墙壁上，悬挂着“一米阳光：温暖你我他”“永远跟党走”“精准结对帮扶”等大幅的党建活动宣传照片。高述红时刻用一名党员的标准来严格要求自己，在她的带动与影响下，员工们时刻牢记“童叟无欺，货真价实”的百年店训，作为百年老字号的“耿福兴”通过产品创新、服务创新，成为芜湖餐饮的一个代表性符号和芜湖对外交流的一个窗口。“耿福兴”2003年至2014年间4次登上央视，特别是2014年，央视“舌尖上的中国”摄制组于该店拍摄虾子面制作全过程，在全球首播，引起轰动，“虾子面”已成为安徽美食文化符号，“耿福兴”也成为全国食客品鉴正宗虾籽面的首选。

高述红平时热衷于开展力所能及的公益事业。2020年2月，在抗击疫情最紧张的时候，看到正在与新冠病毒进行“搏斗”的医护人员“吃饭难”，高述红带领“耿福兴”的党员和志愿服务队，连续十天，每天给芜湖市第二人民医院的医护人员送上100份免费中餐和晚餐，可口的饭菜解决了他们的就餐难题。由于当时无法营业，高述红便将仓库储存的价值8万余元的食材赠送给两家养老院；与此同时，高述红还向市红十字会捐赠2万元现金。

“我是党员，关键时刻必须冲在前面!”高述红说。

记者　吴安亚

记者手记

一堂特殊的“党课”

“高总您好，我是芜湖市小记者，来自育红小学五年级……”小记者韩雨浩对自己的首次采访一点也不怵，在镜头前咬字清晰、落落大方。采访中，她对于高述红何时入党、初心是什么等问题十分感兴趣，生怕听错了一个字，不但自己记录，还让妈妈帮忙用手机录音。

当听到“耿福兴”目前已经在合肥、芜湖等城市，总共拥有了12家加盟店，韩雨浩连连点头，很是为“耿福兴”高兴。其实，韩雨浩本身就是“耿福兴”的小粉丝，她喜欢虾子面、小笼汤包，还喜欢萝卜丝烧饼。在高述红讲到“耿福兴”产品创新、服务创新等环节，韩雨浩十分高兴，不由得与本报记者一起加入了讨论。

“相比过去的日子，今天的生活多好啊！在中国共产党的领导下，人民的生活水平快速提升。现在的孩子，不愁吃、不愁穿！特别是疫情暴发以来，全国人民在党的领导下，万众一心，‘战疫’取得阶段性成果，现在中国经济、社会总体上都走上正轨，继续健康发展。”高述红说得动情，韩雨浩听得认真，采访活动俨然成为一堂特殊的“党课”。

小记者感言

走近党员高述红

今年是中国共产党建党100周年，芜湖市关工委与芜湖传媒中心联合开展百名小记者采访百名优秀党员活动。我作为小记者，有幸于4月2日，跟随大江晚报的记者吴安亚老师一同采访了百年老店“耿福兴”的董事长、党支部书记高述红女士。

这是我第一次近距离接触一位优秀的共产党员，一位女企业家。我首先为高女士戴上鲜艳的红领巾，表达对她的敬意。采访中，高女士的一句话让我印象特别深，她说：“我从小就立下志愿，这辈子一定要加入中国共产党，听党话、跟党走，因为只有共产党才能带领人民过上好日子。”2013年3月，她光荣地加入了中国共产党。高女士从2002年10月开始，每三个月就要至少提交一份入党申请书，一直未中断。她一直以共产党员的标准严格要求自己，全心全意为人民服务。这让我暗暗惊讶她对党的坚定和执着。

事业不断做大做强，高女士没有忘记作为一名共产党员的初心，她一直关注发展和民生，多年来从未停止为社会献爱心。17年来，她坚持为困难职工免费提供“爱心年夜饭”；2016年芜湖市遭遇特大洪水，她带领“耿福兴”全体党员前往芜湖港8号码头参加救灾抢险。2020年全球遭到新冠病毒的突然来袭，大家都猝不及防。春节前，“耿福兴”备了很多的菜，由于疫情，饭店暂停营业，这些价格不菲的菜品如何处置？高女士毅然决定全部赠送给“金太阳”等几个敬老院。在疫情最为严重的时期，高女士自己带队，免费给芜湖市第二人民医院的医护人员配送中餐和晚餐，解决一线医护人员的用餐问题，她还以个人名义为抗疫工作捐款2万元。

听着高女士的细细讲述，我不禁想到：中国共产党正是由千千万万这样的优秀党员组成的伟大政党。100年来，党带领亿万中国人民从站起来、富起到强起来，创造了举世罕见的中国发展速度。作为新时代少年，我们要认真学习党史，听党话、跟党走，更应该好好学习，为实现中华民族伟大复兴贡献力量。

芜湖小记者　韩雨洁

育红小学五（5）班

延伸阅读

中国关工委主任顾秀莲来芜调研指导工作

2021年4月27日至28日，全国人大常委会原副委员长、中国关心下一代工作委员会主任顾秀莲来芜调研指导关工委工作。省关工委主任张俊、省人大常委会副秘书长卢新江、省关工委常务副主任仲建成等陪同。市领导单向前、丁祖荣、杨志斌，市关工委主任魏道斌参加活动。

通过实地调研并认真听取各方面汇报后，顾秀莲对我市“十三五”期间经济社会发展及关工委工作给予充分肯定，向长期以来支持、关心下一代工作的老同志和关工委干部表示衷心感谢。她强调，青少年工作事关国家未来、民族希望，我们要在习近平新时代中国特色社会主义思想的指引下，深入学习贯彻习近平总书记关于关心下一代工作重要指示和考察安徽重要讲话指示精神，立足新发展阶段，完整、准确、全面贯彻新发展理念，努力推动新时代关心下一代工作在新发展格局中稳步发展。要进一步增强“四个意识”、坚定“四个自信”，做“两个维护”的忠诚践行者，围绕中心、服务大局，建立健全“党建带关建”工作机制，弘扬“五老”精神，在传承红色基因、推进乡村振兴、促进青少年全面发展等方面，继续发挥老同志特长优势，奋力开创关工委工作新局面，助力区域高质量发展。

单向前在座谈会致辞中表示，近年来在国家、省关工委的精心指导下，我市关心下一代工作取得长足进步，为全市高质量发展作出重要贡献。各级各部门要进一步深入学习习近平总书记关于关心下一代工作重要指示精神，以顾秀莲主任此次调研指导为契机，大力支持关心下一代及“五老”工作，为广大“五老”发挥余热提供保障、做好服务，着力推动我市关心下一代事业蓬勃发展。

在芜期间，顾秀莲一行出席了安徽省暨芜湖市关工委小记者“双百行动”启动仪式，并深入镜湖区荷塘社区关工委、湾沚区殷港特色小镇等，调研指导基层关工委工作以及青少年美育教育等情况。

记者　谢芸　周文瀚　郑远　储普查

（《大江晚报》2021年4月29日讯）

百名优秀小记者采访百名优秀共产党员
芜湖小记者“双百行动”正式启动

2021年4月27日下午，芜湖百名小记者和百名共产党员相聚在王稼祥纪念园，隆重举行芜湖小记者“双百行动”启动仪式。

记者了解到，为了庆祝中国共产党成立100周年，安徽省关工委和芜湖市关工委共同主办了这次芜湖小记者“双百行动”，在芜湖小记者中遴选100名优秀小记者，采访我市100名不同年代、不同时期入党的优秀共产党员。主办方希望通过芜湖小记者采访百名优秀共产党员的活动来庆祝建党100周年，让不同时期的100名党员叙述他们的亲身经历。这100篇小记者的采访感言，也将在芜湖各主流媒体上刊登。

参加本次活动的百名优秀共产党员中的张龙云是一名81岁的老党员，已有62年的党龄，也是芜湖市关工委旗帜报告团第四组的宣讲员。张龙云告诉记者，她已撰写了4000多字的学党史宣讲稿，并分别在市环城西路小学、“五四”爱心学校和第27中学进行宣讲。“我九岁之前是在暗无天日的旧社会度过的，我期盼着光明，寻求着希望。新中国成立后当我成为一名纺织女工时，就加倍地努力学习，积极工作，预备党员转正后即担任基层党支部书记。退休后我牢记曾经走过的路，和很多‘五老’一样，走出家门融入社区，先后在社区、街道和报告团从事关心下一代工作近18年，我要用实际行动感恩党的教导、培养和关怀。”

当天活动中，来自狮子山小学四（2）班的小记者芮紫菡充满感慨地对记者说：“今天，作为芜湖小记者，我们在采访中聆听并了解了许多爷爷奶奶、叔叔阿姨的奋斗故事，他们在方方面面所发挥的共产党员的先锋模范作用，深深地感动了我们，教育了我们，激励了我们。我们要好好学习，立志做一名合格的社会主义事业的建设者和接班人。”

记者　胡芳

（《大江晚报》2021年4月29日讯）

老党员不忘初心　小记者立志报国
芜湖小记者“双百行动”座谈会激情绽放

2021年6月6日下午，芜湖小记者“双百行动”座谈会在芜湖市关心下一代工作委员会会议室召开。5位朝气蓬勃的小记者，5位光荣优秀的老党员，大家面对面开展交流，侃侃而谈，“同心向党抒衷肠”，场面热烈，激情满怀。据悉，本场座谈会是“双百行动”的重头戏之一。

由省市两级关工委和芜湖传媒中心主办的“双百行动”，旨在庆祝建党100周年，生动展现中国共产党发展壮大史，教育广大青少年认真学党史，听党话、跟党走，为实现中华民族伟大复兴的中国梦凝聚磅礴力量。自4月份启动以来，百名小记者陆续对接采访百名不同时期入党的优秀共产党员。100名小记者从全市3000多名芜湖小记者队伍中遴选，党员讲述的故事更是从1921年跨越到2021年。

市关工委主任魏道斌、副主任宋建华参加了当天的座谈会。参与座谈的党员代表有房列曙、高述红、张龙云、刘卫娣、钱萍，芜湖小记者代表有王芯蕊、韩雨浩、叶云钒、邢星、温羽宸，以及参与“双百行动”采访的大江晚报记者代表汤荣汛。

座谈会开始后，大家就之前采访活动的收获和感悟进行了交流，愈加坚定了爱党之心，激发了自豪之情。座谈会上，来自育红小学的韩雨浩，介绍了她采访耿福兴餐饮公司高述红时的体会。“这次采访，我收获颇多。不仅提高了采访水平，也感受到了共产党员的魅力。我立志要成为一个有理想、有担当、舍己为公的人。”北塘小学小记者王芯蕊采访的是安徽师范大学房列曙教授，最令她感动的是房教授早年参军时在海岛上为百姓艰难挑水的故事。“我当时就热泪盈眶了。新一代的青少年，应该继承这种一心为民、不怕吃苦、勇于奉献的精神，努力读书，不断丰富充实自己，长大后为祖国贡献力量！”

来自镜湖区赭山街道关工委的张龙云被小记者们亲切地称为“张奶奶”。这位有着62年党龄的老党员言谈间满怀深情：“感叹于现在孩子的聪慧、上进；感动于大小记者们的敬业，见报的稿件内容丰富，质量很高。采访那天，我有一种责任感，把党旗、党章、党员证都展示了出来，并再现了当年的宣誓场景，让小记者能直观地感受到党的力量。”发言结束时，张奶奶还郑重地交付给记者一枚党徽，请记者转交给采访她的那位小记者，“希望孩子年满18岁时，能自觉自愿地递交入党申请书”。

荷塘社区的党委书记钱萍，有着10年的基层工作经历，她谈道，“每个人都是一面旗帜”，作为党员，更要起到示范作用、带动作用，“见贤思齐，传递正能量”。省、市劳模、公交车驾驶员刘卫娣，行车数十年，在平凡的岗位上作出了不平凡的贡献。以她命名的“刘卫娣线路”已有7条之多，成为这座城市流动的文明风景线。“我虽然已退休，但我的心仍在公交车上。我会经常去看看。”刘卫娣说。

魏道斌作了总结发言。他说，“双百行动”主题鲜明，立意深远，得到了省关工委乃至中国关工委的高度认可。“老党员们是活的党史，光荣、自豪；小记者们接触红色前辈，幸运、荣耀。朝阳映夕阳，‘双阳’更辉煌，让孩子的成长道路满载使命荣光，让党的红色精神代代相传！”

“双百行动”的首批报道，已经在大江晚报及芜湖传媒中心各媒体平台呈现。接下来的时间里，还将陆续举行校园报告会、红色采风等系列活动。大手牵小手，永远跟党走。红色精神生生不息，红色基因赓续传承。

记者　程茜

（《大江晚报》2021年6月8日讯）

“百年华诞感党恩 传承长征红基因”
芜湖小记者“双百行动”校园报告会在狮子山小学举行

2021年6月15日下午，芜湖小记者“双百行动”校园报告会在芜湖市狮子山小学举行。来自该校一至四年级的50名芜湖小记者，倾听了老党员张龙云精心准备良久的“百年华诞感党恩 传承长征红基因”报告。“大手牵小手，永远跟党走”，同学们纷纷表示当天的报告会让他们受益匪浅。

由省市两级关工委和芜湖传媒中心主办的“双百行动”，旨在庆祝建党100周年，生动展现中国共产党发展壮大史，教育广大青少年认真学党史，听党话、跟党走，为实现中华民族伟大复兴的中国梦凝聚磅礴力量。来自镜湖区赭山街道关工委的张龙云今年81岁高龄，被小记者们亲切地称为“张奶奶”。这位有着62年党龄的老党员，曾于1963年在芜湖市雷锋同志先进模范事迹展览第三馆任讲解员，58年来始终以雷锋同志为榜样，传承雷锋精神，多次获评省、市、区关心下一代工作先进个人、“芜湖好人”，获得“中国好人”和“安徽好人”提名或入围等荣誉。

“张奶奶”针对现场都是小学生的情况，就选择了重点宣传长征精神的宣讲。40分钟的宣讲课程中，她通过讲述小红军的故事，让孩子们更容易接受，也有更深的人物代入感。张龙云精心准备的材料包括党旗、党章、党徽、党员证，以及雷锋肖像、中共一大会址、红军长征路线、小红军图片等资料。“有7岁的小红军啃干骨头被饿死的故事，也有9岁小红军克服困难的事迹，体现了永不磨灭的长征精神。让同龄的孩子们体会到，面对困难时要怎么样去面对、去克服。希望孩子们都能健康快乐地成长！100年前的中国和今天的中国是不可比的，今天的幸福生活是无数革命先烈抛头颅、洒热血换来的，孩子们要学会珍惜、好好学习！要像习近平总书记说的那样，德、智、体、美、劳全面发展。他们健康地成长，对于我们国家‘两个一百年’奋斗目标来说，这些孩子们就是将来‘新中国成立一百年’时的中坚力量！”

“今天张奶奶讲的故事让我深深地感动：7岁小红军在长征途中，为了省下粮食去啃没有肉的干骨头，最后却不幸饿死。故事让我深深感受到今天的幸福生活来之不易，我要好好学习，就像习近平爷爷说的那样‘不忘初心、牢记使命’，长大了建设我们繁荣富强的祖国！”四年级（2）班的叶砚禹同学在报告会后对记者说道。

“我觉得今天的活动特别好，我也在和孩子们一起学习党史。‘张奶奶’说的故事非常符合孩子们的年龄，举的例子也与孩子们十分贴近，让他们感受深刻。比如，小红军当年一天要跑20里路，让孩子们感受到了当年红军长征的艰苦。今天的活动在孩子们的心中种下了‘红军长征非常不容易’的种子，更加坚定了孩子们热爱中国共产党、永远跟党走的信心和决心。”芜湖市狮子山小学大队辅导员胡堃老师告诉记者。

记者　吴安亚

（《大江晚报》2021年6月16日讯）

晚晴如歌

——芜湖市关心下一代工作先进典型专辑

在江城芜湖，有这样一群“五老”，他们不忘初心使命，肩扛责任担当，将满腔热情倾注于关心下一代事业，“急党政所急，想青少年所需，尽关工委所能”，坚持用习近平新时代中国特色社会主义思想铸魂育人，实施“五老”关爱下一代工程，在助力战“疫”、脱贫攻坚、乡村振兴、防汛抗洪、文明创建、基层社会治理、关爱留守儿童、扶困助学、防溺水等工作中展示新作为，树立新形象。

仰望星空　脚踏大地　情系“三农”

——杨良金列席“两院”院士大会归来一席谈

在湾沚区陶辛镇芜湖高效农业研究院的示范基地，杨良金（右）向他的培训班“研究生”、种田大户王大财讲授优质稻后期管理要诀　杨良金　供图

2018年5月28日，中国科学院第十九次院士大会、中国工程院第十四次院士大会在北京人民大会堂隆重开幕。全国劳模、全国优秀科技工作者、全国“十佳”农民杨良金，作为“百名科学家、百名基层科技工作者”杰出代表，受邀列席大会，聆听习近平总书记重要讲话，共商努力建设世界科技强国大计。5月30日，杨良金出席“百名科学家、百名基层科技工作者”座谈会，并就进一步做好农业科技普及工作直抒胸臆。

这是继2016年杨良金被评为全国“十佳”农民之后的又一殊荣。6月8

日上午，在湾沚（原芜湖县）城南“良金农业研究院”一间简陋的会客室，我们采访了载誉归来的杨劳模。

“我作为一个农民，没想到能被‘两院’院士大会邀请……”尽管已收获过太多的荣誉称号、参加过太多的高规格会议、见过太多的大场面，谈到“两院”院士大会，杨良金仍然难以掩饰内心的激动。原来，本次大会列席代表是由各省区科协逐级推荐的，共有2600多名专家和科技工作者进入汇总名单，经中国科协书记处严格遴选，最终产生“百名科学家”和“百名基层科技工作者”，这个榜单荟萃了全国科技界方方面面的精英，其中年龄最长者已96岁高龄。杨良金兼具农民科学家和基层科技工作者双重身份，且在农业科技界具有相当高的知名度和美誉度，他的入选乃是顺理成章，并无悬念。

虽然离京返芜已有一周时间，谈及大会盛况，杨良金依然沉浸在现场情境中。他说，习近平、李克强、王沪宁、韩正等4位中央政治局常委出席了会议，习近平总书记发表重要讲话，强调中国要强盛、要复兴，就一定要大力发展科学技术，努力成为世界主要科学中心和创新高地。我国广大科技工作者要把握大势、抢占先机，直面问题、迎难而上，瞄准世界科技前沿，引领科技发展方向，肩负起历史赋予的重任，勇做新时代科技创新的排头兵，努力建设世界科技强国。“这是总书记在科技创新和科技发展大的历史格局下，在中国走向现代化强国过程中的一次动员令，极大激发了科技工作者们勇于创新的热情。”杨良金深有感触地说。

本次“两院”院士大会为何受到如此高度重视？在杨良金看来，主要是因为中国改革开放40周年这一宏大叙事背景和适逢中国科协成立60周年这一时间节点。习近平总书记的重要讲话，站在党和国家事业发展的战略全局，准确把握科技创新与发展大势，深刻分析我国科技发展面临的形势与任务，对实现建设世界科技强国的目标作出了重点部署、提出了明确要求，通篇贯穿着“创新”这条主线，内涵丰富，令人振奋。

“创新”二字吹响科技兴国的号角，也不经意间拨动杨良金回望过往的心弦。与共和国同龄的杨良金，出身贫寒，是一名地道的农民。在长达数十年的农业科技探索之旅中，“创新”一直是他秉持的科学理念，正是在创新之路上义无反顾、矢志不渝，付出了常人难以想象的努力和艰辛，他终于破解一道道难题、攻克一个个难关，成为拥有47项成果的农民科学家，获得数十项国家级荣誉。他主编出版了32万字的《油菜高效栽培理论》，20多次参加国内外学术会议，连续5次登上国际学术殿堂，得到了国内外专家学者的认同，被誉为“从乡村田野走上科学圣殿的杰出典范”。

“要把满足人民对美好生活的向往作为科技创新的落脚点，把惠民、利民、富民、改善民生作为科技创新的重要方向。”对习近平总书记在“两院”院士大会上的重要讲话中的这一精辟论述，杨良金感触尤深。他说，对于农业、农村和广大农民而言，农业科技的普及和创新同等重要，从某种意义上讲，科普就是科技创新的落脚点。“科普装在心中，普及贵在行动。”多年来，他用最接地气的语言，将农民“敬而远之”的理论编成易懂、易记、易操作的“傻瓜技术”，比如“要想庄稼长势好，有机肥料是个宝，氮磷钾素不可缺，微量元素不可少”，农民一听就懂，一学就会；他始终把农业科普工作看作是大于一切、重于一切、急于一切的头等大事，毫无保留地将自己学习掌握的技术传授给农民，带领大家共同走科技致富之路。他的芜湖县良金农业技术培训学校，是安徽省唯一一所以农民名字命名的农业技术培训学校。杨良金不仅培养出一批又一批本土科学种田能手，还经常应邀赴外地义务举办应用农技培训班，开展科技扶贫，受到当地农民的热诚欢迎。井冈山、四川仪陇（朱德家乡）、陕甘宁等革命老区的土地上，都深深镌刻着这位农民科学家的足迹。作为芜湖市关工委旗帜报告团报告员、芜湖县关工委农科教报告团团长，他注重激励青少年从小刻苦学习科学文化知识的热情，培养他们热爱科学技术的兴趣。他或进校园上讲台普及科技知识，或邀请中小学生到自己的试验示范培训基地开展实践教育活动。仅2010年以来就为中小学生作科普报告40场次，为中小学生讲解示范近30场次；他还以自己的成长经历为青少年学生作励志报告20余场次，受教育的学生达3000人次。

2010年中央电视台《新闻联播》报道了他的“三件科普法宝”（水稻种植技术的“顺口溜、速查表、示意图”）。2016评选全国“十佳”农民时，主办方农业部党组用“百万财富因他而生”作为杨良金颁奖词的标题。中央电视台7套节目举行的“大地之子　2016全国十佳农民揭晓仪式”上，杨良金第一个闪亮登场，现场大屏幕同步展现“田间地头为乡亲探索良种良法（上联）著书立说携智慧普及科学科技（下联）金玉良言（横批）”的楹联，一时热评如潮。

杨良金认为，科学家的科学精神体现在一辈子只追求一件事。他说：“我的人生追求无外乎两个字：一曰‘尖’，把种田这样‘没出息’的小事当作大事、当作事业去做；二曰‘斌’，向农民面对面普及科技知识，既要能文还要能武，一专多能，门门精通，育种、栽培、植保、施肥……都要能说出个一二三，老百姓才认可你‘肚子里有货’。要将实用技术上升到理论，再回到实践，做给农民看，带着农民干。”杨良金坦言，物质扶贫，充其量是“救济”，除不了穷根，而科普扶贫，直接将科学技术成果转化为第一生产力，不仅受助者本人可望尽快脱贫，还能带动周边一大片。

那么，基层科技工作者如何通过科普这一抓手和载体，将忠于国家、服务农民的论文写在大地上？杨良金的回答是：一定要有“懂农业、爱农民、爱农村”的情怀。几十年来，杨良金始终不渝的也正是这样的情怀或曰初心。列席“两院”院士大会、聆听习近平总书记重要讲话、出席“百名科学家、百名基层科技工作者”座谈会，杨良金感悟最深的就是：中国欲强，农业必须要强；中国欲美，农村必须要美；中国欲富，农民必须要富。可眼下“三农”现状，却让这位农民科学家的语调透着几分忧虑。杨良金直陈：近年来，化肥价格上涨、土地流转价格居高不下，而水稻收购价却在降低，种田人仅靠“情怀”还能坚持多久?!

古稀之年的杨良金有一个梦：充分发掘自己在科技界的人脉资源，邀约相关院士在芜湖设一个“院士工作站”，为农业、农村和农民做一些实实在在的事。近期目标就是将“芜湖大米”打造成国家级的大品牌，推向全国乃至更广阔的区域。我们愿这位杰出的农民科学家梦想成真！

马小平　范毓东

（原载《春晖》2018年第4期）

为了那些濒临失学孩子的明天

——记“中国好人”、无为市十里墩镇关工委执行主任王显才

2021年6月，王显才出席安徽省“两优一先”表彰大会　王显才　供图

1940年5月出生的王显才，经常笑称自己是个不折不扣的“80后”，80多岁的王老目前担任无为市十里墩镇（2016年10月前为十里墩乡）关工委执行主任兼老干部党支部书记。

2000年，王显才从当时的十里墩乡人大主席的职位上退休。让他没想到的是，十年之后的2010年，时任乡党委书记又登门拜访，希望王老能到关工委工作。2011年，71周岁的王显才重新披挂上阵，正式担任十里墩乡关工委主任。10年来，他始终胸怀一颗热心，风里来雨里去，走村串户访贫问苦，反复核实那些面临辍学危险的孩子家庭背景、致贫原因及帮扶计划

等，深入一家家企业“化缘”。助力脱贫攻坚，为贫困家庭孩子解难事、办实事、做好事。从2011年至今共筹集助学金306.64万元。资助贫困学生1461人次，已考上大学37人，已有3人大学毕业走向社会。其中，2021年考上大学的15名新生中，就有13人是镇关工委历年来资助对象。对15名在读困境家庭大学生，镇党委、政府结对联系本镇企业家给予持续救助，每人4万元，分4年支付。王显才说：“这个美好的结果正是我工作的最大动力和停不下来的力量源泉。”

在对孤儿和特困家庭孩子倾注心血的同时，王显才也十分关心失足及后进青少年，并持续跟踪问效，直至他们完成九年义务教育，再到长大成人。他的最大心愿就是使这些孩子在成长过程中能感受到人间有爱、未来可期。近年来，他先后荣获全省关心下一代工作先进个人、全省关心下一代工作“十佳五老”、全省老干部先进个人、芜湖市优秀共产党员、无为县道德模范、无为县“五老标兵”等荣誉称号。2018年，他荣登“中国好人榜”。

为了帮扶更精准，他入村摸底建档，不知跑坏了多少车胎

王显才曾对他的老搭档、镇关工委副主任吕旭说：“老吕啊，我们只有走出办公室‘这堵墙’，才能真正打开群众心里的‘那扇窗’呀。”为了摸清贫困学生底细，掌握第一手资料，王显才骑着电动车，晴天一身土、雨天一身泥，走村串户，对全镇所有在校学生、留守儿童、特困学生进行全面摸底，逐一登记造册，梳理汇总，分类归档。每年暑假期间，王老和他的老伙计们还要对帮扶对象逐校、逐村、逐户进行核实，依据实时情况对建档资料进行补充、更正。这些困境家庭孩子中，单亲家庭占80%，因病致贫家庭占15%，孤儿占5%。王显才认为，“掌握的情况越细致、越准确，关爱帮扶才越有针对性，才能确保将有限的资金用在‘刀刃’上”。

见到王老骑着电动车到村（社区）、学校了解情况，有的老部下不解地问道：“老领导，您这么大年纪，又做过肾切除手术，还吃这样的苦?!”王显才淡然回答：“为了这些孩子，我吃这点苦不算什么。”11年间，王显才先后自费购买两台电动车，在坑坑洼洼的乡村小道上究竟跑坏了多少轮胎，

他已然记不清了。从王老的安全和健康角度考虑，2021年初，镇党政领导决定：今后王老下村时，一律由党政办派车。而王显才却依然骑着他的电动车。“一来习惯了，二来镇机关车少事多，在职同志更需要车，我就不添乱了。”王显才憨厚地笑着说。

为每一个寒门学子搭建人生出彩的舞台

对贫困生实施经济上的救助，是关工委工作的重要内容之一。巧妇难为无米之炊，筹款是当务之急。

2013年5月，王显才和关工委一位副主任一起去北京，向在京的本土企业家宣传捐资助学。对方讲：“你这么大年纪了，还为贫困孩子做善事，我理应大力支持。”当场表态拿出20万元，并说，“你从未来过北京，这次就顺便在北京玩两天再走，费用我全包。”王显才说：“你能这么爽快地承诺20万元，我们就不虚此行了。家里还有一大摊子事，我们也没心思留在北京玩。谢谢了！”第二天就登上返程的火车。

经过实践，王显才深感：救助贫困生，仅仅靠关工委的力量是远远不够的。2013年，他向党委建议：“能否把机关所有干部动员起来，开展结对帮扶？”时任乡党委政府主要领导当即表示大力支持，并以红头文件形式下发各相关单位，明确“一定三年”。书记带头，党委委员和机关干部都积极行动起来，送钱送物送温暖。党委书记每年从工资中支取2000元，其他人员不少于1000元。连同乡里的“七站八所”职工，100人结对帮扶100名贫困中小学生，不仅在物质上提供帮助，更使贫困生的精神得到抚慰，当地党群干群关系也明显改善，在社会上产生了很好的反响。

近10年来，十里墩镇关工委坚持“急党政所急，想青少年所需，尽关工委所能”的工作方针，助学帮困，精准到位，及时给受助者送去党和政府的温暖。

虹桥社区的陈某某姐弟俩，母亲患有精神类疾病，父亲常年在北京靠捡破烂艰难地维持家庭生活。两个孩子学习优秀。王显才和镇关工委了解情况后暗下决心，决定重点资助，扶持姐弟俩完成学业，截止到今年已累计资助

4.5万元。如今，姐姐已从淮南师范大学毕业后在合肥工作，弟弟正在西安工业大学读大三。

社令村曾有个孤儿贾某，从小成绩就十分优异，后来考上无为中学。王显才设法联系上一家企业的老总，每年资助贾某1.2万元。如今，贾某大学毕业已走上工作岗位。如没有王老牵线搭桥、爱心企业结对帮扶，贾某连高中都很难读完，更别说圆梦大学了。社令村高三学生陈某，父亲患尿毒症，为做肾移植手术花费50万元，最终撒手人寰，留下巨额债务，陈某面临辍学。王显才向一位爱心企业家求助，使陈某得以继续完成学业。

不仅倾情为每一个寒门学子搭建人生出彩的舞台，对处于逆境的农村特困家庭，王显才也时时牵挂在心。镇河村村民赵某，本人有智力障碍，老婆离家出走，上有父母双亲，下有一对儿女，住的是四面透风的茅草棚，生活十分艰难。王显才了解到这一情况后向镇党委汇报，镇党委书记亲自出面约请一位爱心企业老总现场走访，这位老总当场答应由企业拿钱，先把房子修好。当年，该企业拿出11万元，帮助赵家建起三间砖墙瓦顶的新房，村里和镇上又为俩孩子申办了“孤儿救助”，每人每月可获900元，生活逐渐走上正轨。

采访中，王显才向我们出示了镇关工委历年捐资助学的清单，上面一笔一笔地记载着：2011年募捐11万元，资助贫困生49名；2012年募捐19.53万元，资助贫困生98名；2013年募捐26.18万元，资助贫困生107名；2014年募捐28.18万元，资助贫困生113名；2015年筹款25.96万元，资助贫困生114名；2016年募捐51.09万元，资助贫困生128名；2017年募捐37.80万元，资助贫困生140名；2018年募捐21.55万元，资助贫困生145名；2019年募捐23.951万元，资助贫困生189名；2020年募捐13.60万元，资助贫困生184名。

每一笔善款，从筹款到发放至贫困生手中，镇关工委始终秉持公开、公平、公正原则，坚持在“阳光下”操作，“瞄准”真正亟需帮扶的孩子。每一次集中发放，镇关工委都会举行一个简朴而隆重的仪式，邀请镇党委、政府领导或分管负责人，捐资单位（个人），学校和村里的负责人及受助的学生或监护人到场见证。如此“阳光事业”，使一些慈善组织和爱心企业、个人更愿意参与其中。多年来，芜湖发电公司团委、芜湖阳光爱心协会等单位每年资助金额都在1万元以上。

博大胸襟，源于“踏着雷锋足印前行”

其实，王老的家庭情况并不好。两个儿子、儿媳均下岗，靠打工维持生活。大儿媳身患尿毒症，长期透析治疗，每年个人支付医药费近万元。王老的4000多元退休金，还要不时接济孩子们，经常捉襟见肘。但每次捐款，他都是第一个站出来。

问及“何以有如此博大的襟怀”时，王显才老人又是憨憨地一笑：“2016年，我受邀参加芜湖市‘五老’先进事迹巡回报告时，‘雷锋标兵’这个称号让我的心灵受到很大触动——报告团8名成员，年龄总计600岁，最大的87岁，最小的也68岁了。平均年龄75岁，我居其中。更为巧合的是，我与雷锋同志同年入伍，距今已有60多年了。时代在快速发展，社会在不断进步，然而‘为人民服务’的雷锋精神却越来越沉淀出新的时代内涵与光芒。作为与雷锋同时代的战友，我要永远弘扬雷锋精神，踏着雷锋足印前行，以不负组织和人民重托。”

啊，王显才，真正实至名归的“中国好人”！

王中爱　郑海英

他用感人的故事诠释“旗帜”的内涵

——全国劳模、芜湖市关工委旗帜报告团宣讲员马本萱印象

全国劳模马本萱和他的“共产党员示范车”　马本萱　供图

引　子

且让我们把镜头闪回到2019年3月4日下午，芜湖师范附小光华新城校区。第56个学雷锋纪念日来临之际，由市关工委、市教育局主办的全市“学雷锋活动月”启动仪式暨首场报告会在此举行。进入报告会环节，市关工委旗帜报告团成员、奇瑞出租车先锋车队的马本萱师傅健步登上讲台。只见他身着整洁的工作服，肩披“安徽省岗位学雷锋标兵”红色绶带，胸佩“全国职工道德先进个人”“安徽省劳动模范”等奖章，一声“同学们下午好！”便赢得全场热烈的掌声。面对这些可爱的少先队员，马师傅从自己的

职业生涯“破题”，将25年来学雷锋做好事的经历和感悟娓娓道来。40分钟的报告会，没有人交头接耳，没有人走动，更没有人玩手机。马师傅用感人的故事，深情的讲述，再加上精心设计的互动，轻轻叩击着全场200多位小听众的心扉，大家以长时间热烈的掌声向这位“活雷锋”致敬。

首场报告会的第二天，3月5日，应南陵县关工委和县教育局的邀请，马本萱又风尘仆仆赶赴许镇镇中心初级中学，参加南陵县“学雷锋活动月”启动仪式，并作“学习雷锋精神，争做时代新人”的演讲。主讲者是一位年过半百的出租车驾驶员，听众是一批十四五岁的乡镇中学初中生，二者之间的“距离”似乎有点儿远。但作为时代主旋律的“雷锋精神”以及马本萱自己20多年学雷锋助人为乐、见义勇为、拾金不昧的感人故事，一下子消弭了这些乡村少年对故事主人公的距离感，宣讲现场气氛热烈，秩序井然。临近尾声时，马师傅引领大家一起高声诵读雷锋日记里的金句：“如果你是一缕阳光，你是否照亮了一片黑暗？如果你是一滴水，你是否滋润了一寸土地？如果你是一粒粮食，你是否哺育了有用的生命？如果你是一颗最小的‘螺丝钉’，你是否永远的坚守岗位？”将宣讲活动推向一个新的高潮。

以上仅仅是马本萱从事关心下一代宣讲活动的部分“截屏”。自2017年初受聘于市关工委旗帜报告团以来，马本萱自撰讲稿，先后走进安徽师范大学数学与统计学院、安徽工程信息学院、育红小学、芜湖师范附属小学、大官山小学、白马小学等大、中、小学校园，主讲“学习雷锋精神，争当美德少年”“学习雷锋精神，争当时代新人”等30余场，受教育青少年6000多人次。他还应邀参加一些学校的“祖国在我心中”升国旗活动、庆祝“六一”活动，针对不同对象进行宣讲，受到师生们的欢迎和赞誉。他积极传播社会正能量，在多家单位开展道德巡讲80余场。安徽电视台公共频道、安徽卫视曾两次来芜作专题报道。

皖B85910：一面猎猎飘扬的“流动红旗”

马本萱是芜湖奇瑞出租车公司皖B85910出租车驾驶员，共产党员，也是芜湖市唯一一名五星级驾驶员、出租车行业首位省级劳动模范。从业25

年来，他始终将乘客满意作为自己文明服务的终极目标，把三尺车厢当成岗位学雷锋的大舞台和文明服务的“窗口”，演绎了无数助人为乐、见义勇为、拾金不昧的感人故事，成为芜湖出租车文明服务的标杆。先后荣获全市交通行业优秀共产党员、市五一劳动奖章、2014年度江城“十大新闻人物”、安徽省第一批岗位学雷锋标兵、道德建设标兵、安徽省劳动模范、全国职业道德建设先进个人等20多项荣誉称号。

他爱岗敬业，创下安全行车300万公里无事故的纪录；以他的名字命名的“马本萱劳模创新工作室”现有五星级驾驶员1名，四星级3名，三星级6名……工作室创设以来，已有3名成员光荣加入党组织。他见义勇为，曾先后挽救6名重伤员和病人的生命。他拾金不昧，拾得并主动归还乘客失落的手机、笔记本电脑等贵重物品470余件、现金3万余元，收到感谢信和感谢电话2400余件/次、各类锦旗60余面。他热心公益、关爱他人，自2003年发起“爱心送考”活动，每年为参加高考的学子免费服务，迄今已坚持16年，参与者从最初的几个人发展到370多人。这些年，他带领先锋车队开展送温暖献爱心活动180余次，帮扶慰问孤残老人、盲校老师57人次；个人认领捐助困难学童7人，捐款捐物累计112000多元。采访中，笔者问道，您这样做后悔过吗？马本萱坦言：“做好事、做公益，不仅搭工夫还要贴钱，最‘囧’的那个月我只交给家里两百多元。好在老母亲深明大义，爱人也很支持，否则我肯定走不到今天。”说这话时，老马眼眶里闪烁着晶莹的泪花，声音也有些哽咽。

一次“绝处逢生”的经历为他重树人生标杆

“人的生命是有限的，可是，为人民服务是无限的，我要把有限的生命，投入到无限的为人民服务之中去”。这是雷锋的经典语录，也是马本萱身体力行的人生格言。

马本萱原是市毛巾厂的工人，因企业破产遭遇下岗，曾一度悲观失望。1994年开上出租车后，为多挣几元钱他也曾有过拒载、拼客等“不良记录”。是一次交通事故彻底改变了他。那是一个冬天的凌晨，马师傅送客人到合肥琥珀山庄，返程时又冷又饿，加上路况和视线不好，在沈巷镇境内连人带车冲入路旁的一条水沟，被困在车厢里动弹不得。夜深人静，过往车辆稀少，他虽竭尽全力呼救也无济于事，就这样在冰冷刺骨的水沟里浸泡了一个多小时。正在绝望之时，合肥大众出租公司的蔡师傅开着一辆夏利轿车由此经过，见状毅然停车施救，同时向当地交警和路政部门报告，费尽周折将马本萱救了上来。此事对老马震动极大，他立志要向蔡师傅学习，怀揣一颗感恩的心，从日常营运的点点滴滴入手，尽自己最大努力多做好事善事。尤其是在创建全国文明城市暨出租车行业“讲文明、学雷锋、树新风”活动中，他更是把文明服务、奉献他人做到了极致，并带动更多的人参与爱心接力。马本萱还主动把手机号码通过媒体向社会公布，让人们随时随地能找到他。2016年大年初二凌晨2点55分，家住轮渡路的杨女士打来电话，说有急事要赶火车。马师傅一骨碌爬起来，顶着狂风出了门，及时将杨女士送到火车站。同年10月15日下午，港商张先生探亲返程时一家四口搭乘“皖B85910”，上车后提出想再看一眼家乡的主要景点，马师傅带他们一一游览了滨江公园、雕塑公园等，每到一个景点都作详细介绍，还搀扶老人上下车，并主动为他们拍照。张先生感慨地说：“这些年我跑了全球许多地方，还是家乡‘的哥’素质高啊！”

见义勇为频伸援手　大爱无形温暖他人

每天奔驰在大街小巷，只要发现求助之人，马本萱都毫不犹豫地伸出援手，为有需要的人提供全天候服务。

2012年1月12日凌晨，马本萱驾车行至凤鸣湖南路时，发现一名遭遇车祸的女士倒在雪地上呻吟，肇事车辆已经逃逸。马师傅见状，毫不犹豫将伤者抱上车急送医院，经诊断，伤者全身多处骨折，脑部淤血，由于送医及时才转危为安。2014年3月，中山南路某工地一名农民工操作电锯时，手指2个关节不慎被截断，血流不止。在路边招手打车多次遭到拒载。正在此时，马本萱驾车经过，二话不说就把他扶上车急送手足医院救治。当时，伤者流血过多已神志不清，而医院地处经开区，主城区道路拥堵严重。恰巧附近路边停着一辆警车，“何不借助警车开道？！”情急之下马本萱“自报家门”，凭自己的知名度和影响力，警车上的陶警官立即鸣响警笛为其开道，警车和皖B85910出租车一前一后风驰电掣，结果只用12分钟就穿越城区赶到手足医院，为挽救伤者生命、成功施行断指再接手术赢得了宝贵时间。

2015年雨季的一天，马本萱驾车经过城北“合山新苑”路段时，见一位妇女推着一个坐轮椅的病人招手打车，从她焦虑的神情看，此前应已被多次拒载。马师傅停车问清缘由，立即将身染沉疴的患者抱入车厢，又把轮椅在后备箱摆放好，直接开往医院。得知这位韩姓患者家庭十分困难，每周还要进行3次化疗，马师傅发动爱心车队驾驶员捐款9000余元，自己则承担起每周3次义务接送的任务，把患者抱上抱下，比亲人还要亲。半年后，韩先生病情恶化住院，农历腊月二十八深夜，弥留之际的他“想回家看看”，家属犹豫再三拨通了马师傅的手机，马本萱闻讯第一时间赶到，了却了韩先生最后的心愿。

2011年4月16日上午，马本萱从广播中听到市盲人学校一名盲童的倾诉：教按摩的陈真碧老师课讲得好，大家都爱听。可学校搬迁到清水新校址后，家住市区的陈老师每天上下班交通成了大问题。陈老师年事已高，又是高度近视，同学们担心她不能继续来校上课了。马师傅得知后立即打电话给盲校席蔚青校长，表示陈老师由自己来接送。这一承诺，马本萱已践行了整整8年，每次往返几十公里，只象征性地收一点油费。这8年，时间和经济损失了多少？马师傅并不计较，他最在乎的是，因为有了皖B85910，陈老师可以继续为孩子们上课了。“还有，盲校为我发出了史上第一张‘校外德育辅导员’聘书，这可是最高褒奖啊。”马本萱笑着说。

马师傅深知，公益事业仅凭一个人的力量是有限的，需要更多爱心人士的参与。在公司领导的支持下，马师傅登高一呼，20多名驾驶员积极响应，奇瑞出租车“先锋车队”正式亮相。车队建立后，积极参加爱心捐赠、关爱留守儿童、慰问孤寡老人等多项公益活动。有一年6月下旬，市中心血站用血告急。马师傅从电台广播中得知后，当即带领“先锋车队”队员们前往血站，共计献血3400 CC，为缓解阶段性“血荒”尽了绵薄之力。“马本萱劳模创新工作室”成立不到2年，团队成员已先后走访4个县的26所养老院，看望慰问老人，还为老人过生日。凤凰城南堡丰华养老院12名瘫痪老人一直向往着去市博物馆看一看，今年3月20日上午，马师傅和10名工友专程驾车接送，圆了老人们的梦。一位老人激动地说：“马师傅啊，你要能做我们的儿子就好了。”马本萱认真答道：“我就是你们的儿子，有事尽管吩咐！”养老院负责人当场决定，将“丰华”作为劳模创新工作室的活动实践基地。

“仰俯无愧天地，遗爱泽被众生”。活一天做一天好事，死后就将遗体器官（角膜）捐献给医疗事业，造福更多人。这个想法在马本萱心中酝酿多年，最终说服90岁高龄老母亲和相濡以沫的妻子投了赞成票。2016年5月10日上午，马本萱在妻子的陪同下，来到赭山公园西大门广场，参加市红十字会专门为他举行的遗体器官（角膜）捐献仪式。活动现场，马本萱在捐献协议书上郑重签字，成为我市出租车行业志愿捐献遗体器官（角膜）第一人。

最让马本萱自豪的是，2016年10月，省第十次党代会在合肥召开，经过严格的政审和技术考察，马本萱和芜湖奇瑞先锋车队20名驾驶员被指定担任大会安保和通勤工作。他们不辱使命，圆满完成各项任务，受到省委组织部嘉奖。市委书记潘朝晖和奇瑞董事长尹同跃在会后看望大家时，赞扬他们为芜湖争了光。

“这是我们应该做的。”说这话的时候，马本萱有几分腼腆。因为在他的字典里，只有更好，没有最好。

江城，那面流动的红旗伴随着“的哥”马本萱，一直“在路上”。

江声

（原载《春晖》2019年第3期）

胸有大爱抒晚晴

——记无为市关工委主任邢献宝

2022年7月15日，邢献宝（前排右）和安徽省关工委主任张俊
在新四军七师纪念馆“爱国主义教育基地”授牌仪式上　邢献宝　供图

“献宝主任有办法，无为关工多亮点”。这是2022年2月25日，安徽省关工委主任张俊一行“新春进千委”来无为调研时给出的评价。寥寥数语，引导我们走近无为市关工委主任邢献宝，近距离感受一个有担当、有激情、有追求、有作为的“五老”同志的色彩斑斓的晚晴。

2008年，邢献宝从政协主席职位上“转岗”关工委主任，转眼已经是第15个年头。面对工作方式、工作内容、服务对象的改变，他以“不变”应“万变”。这个“不变”就是不忘初心，恪守信念。将“为党委政府分忧解难”的使命顶在头上，将“助力培养社会主义合格建设者和接班人”的责任扛在肩上，自觉围绕中心，服务大局，辛勤耕耘，无私奉献。在他的带领下，无为市关心下一代事业蒸蒸日上，无为市关工委多次获评芜湖市、安徽省关心下一代工作先进集体，荣膺2020年度全国关心下一代工作先进集体、安徽省离退休干部先进集体。邢献宝本人2015年荣获全国关心下一代工作先进个人称号，无为市委书记吴瑞新用“责任、爱心、奉献、境界”4个关键词予以高度概括和“点赞”。

咬定“铸魂育人”目标，谆谆教导、循循引导青少年树立和践行社会主义核心价值观，从小听党话、感党恩、跟党走

“要想红旗飘万代，重在教育下一代”。在关工委“五教五助”工作中，邢献宝一直将思想道德教育放在首位，在对广大青少年开展“传承红色基因，争做时代新人”等各种主题教育活动中，他不仅殚精竭虑认真谋划，还身体力行，亲自作宣讲报告。

2019年是中国人民解放军胜利渡江70周年，是进行党史军史教育的重要节点。4月20日，无为市委宣传部、市武装部、市关工委在泥汊镇中心小学联合召开纪念大会，会上，邢献宝向近千名中小学生、民兵和干部群众作报告。为了上好这堂大课，他用了一个多月时间广泛搜集资料，特别是解放战争和无为地方史料，精心撰写讲稿，认真备课，把解放军“千舟进发江南岸，血染江水浪花红”的英雄壮举和惊心动魄的战斗场面讲得声情并茂、扣人心弦，使与会者特别是青少年学生，受到一次生动而又深刻的红色经典教育。

为庆祝中国共产党成立100周年，社区党组织邀请邢献宝围绕中国共产党建党史和无为党组织领导人民群众开展对敌斗争史，给党员们讲一课。他欣然接受任务，一丝不苟地查阅史料，搜集素材，以老党员、老干部的自身经历和独特视角，回顾党的奋斗历程，歌颂党的丰功伟绩，使新、老党员加深了对中国共产党纲领和宗旨的了解，丰富了关于无为地方党组织历史的知识，从而坚定了爱党、信党、跟党走的信心和决心。

无为拥有众多企业，企业职工特别是青年职工的思想道德教育和素质养成也是邢献宝思考和关切的大事。党的十九届六中全会公报发表后，他认真学习、深刻领会公报精神，应邀给企业党员干部和青年职工宣讲，解读党的

十九届六中全会精神，宣传党的百年奋斗积累的“十个坚持”的历史经验，宣传《中共中央关于党的百年奋斗重大成就和历史经验的决议》中“两个确立”的重大意义，践行着一名关工人“铸魂育人”的崇高使命。

关爱就是服务，服务青少年是全方位、全天候的，关爱无缝隙，服务也应无止境

无论在职时还是退休后，邢献宝一直把党的“为人民服务”宗旨铭记在心，特别是在关工委主任岗位上，他更是以习近平总书记“帮助青少年成长成才”的重要指示为根本遵循，全心全意为青少年成长成才服务，使那些困境家庭的学子和留守儿童共享人间爱，同乐蓝天下。

“大头孤儿”得到及时救治。一次，邢献宝到一所小学去调研，发现一名头部大得异常的学生，感到奇怪。经过向校长详细询问，得知这名张姓学生是名孤儿，头大是因为脑积水，如果不及时治疗，生命岌岌可危。邢献宝的心情顿时像灌了铅一般沉重。调研结束后第二天，他立即召集市直单位关工委和该生所在镇关工委主任会议，提出募集资金，帮助张姓孤儿治病。经过广泛的宣传发动，得到各界响应，很快就募集到8.9万元善款，邢献宝亲自安排该生所在镇关工委和所在学校派专人护送其到上海救治，从而挽救了一个孤儿的生命。

无为是一个人口大市，也是一个困境家庭相对较多的大市。如何帮助那些寒门学子不因贫困而辍学，成了邢献宝一直萦绕心头的大事。邢献宝在无为工作多年，人品和政声皆有口碑。为了贫困学生能够得到资助，当年的邢主席舍得卖“面子”，舍得放“架子”。2015年，他专程拜访上海无为商会的会长，恳请商会每年回无为开展一次捐资助学活动。对于家乡老领导的求助，上海无为商会一口承诺：每年筹资30万元左右，集中开展一次资助贫困学生活动。这个活动迄今已延续了七年。邢献宝的爱心，也深深感染了一些本市和外地的老板，这个10万，那个5万地慷慨解囊，每年可筹到50万元左右的善款，全部用于资助贫困家庭学生。在这个基础上，邢献宝又将目光投向“资助长效机制”的谋划上。他带领市关工委的同志到外地学习调

研，回来后立即行动，拿出具体实施方案向市委市政府汇报，得到大力支持。经过一番紧锣密鼓的运作，“无为县（2019年12月后改为无为市）关心下一代爱心助学协会”于2016年1月正式成立。为了壮大资金规模，实现资助效益最大化，邢献宝和他的同事们再次发挥威望优势和资源优势，各级关工委和“五老”同志千方百计募集善款。由于各级党政领导的大力支持，加之筹款策略对路，激励措施有力，三年不到的时间募集到爱心助学资金近1200万元，用每年衍生的利息120多万元资助困难学生。加上芜湖市关工委每年拨给的助学资金近20万元和合肥市自强资金会每年资助的10万元，目前每年可用资助金达150万元。2021年，全市累计发放助学资金145.25万元，资助1480人。其中市关工委爱心助学协会发放119.25万元，资助困境家庭学生1212人，包括研究生9人，大学本科生84人，大学专科生49人，高中生242人，初中生331人，小学生497人。高沟镇一名受助困境大学生在感谢信中写道：“关工委给予我们的不仅是一份爱心，更是一颗爱的种子。”每当邢献宝把资助金送到受助学生和困境留守儿童的手中时，心里总是甜甜的，那一刻，温暖了孩子，也温暖了他自己。

与此同时，邢献宝还缜密谋划，千方百计做大捐资助学的“蛋糕”。近年来，在芜湖市关工委的支持下，先后争取到上海宇培集团150万元人民币和香港某集团50万元港币的资助，建成了泉塘梅楼学校一幢综合楼、蜀山镇双泉小学操场等基础设施。还争取到省残联资金会60万元的贫困白内障患者复明补助资金。

有为方能有位，关工委工作亦然，
围绕中心，服务大局，是关心下一代工作的永恒命题

在无为，我们能处处感受到关工委的影响力和美誉度。对此，邢献宝的感悟是：“有为方能有位，关工委工作亦然。围绕中心，服务大局，是关心下一代工作的永恒命题。”

2016年，无为市遭遇特大洪涝灾害。面对瓢泼的大雨和上涨的河水，曾在防汛抗旱、兴修水利战线上打过无数硬仗、险仗的邢献宝主动向市委请

缨，被派往西河指挥所。无论是大雨滂沱，还是烈日当头，他始终和基层干部群众战斗在第一线，一干就是20天。2020年夏，无为市又遭遇1954年以来有记载的最大洪水，长江、内河全面处于紧张态势。邢献宝冒着大雨，察看长江外护堤埂。哪里有险情，他就出现在哪里。在高沟镇石板隆兴洲圩，他与时任市委副书记匡健巡查时，对两处重大险工要段提出了除险的建议方案，得到匡健同志的重视，当即研究确定具体方案，第二天付诸实施，险情终于得到彻底排除，圩内众多企业和居民住户安然无恙。

2019年，市委市政府发动"人居环境整治"。市关工委第一时间作出响应。邢献宝一面布置各级关工委老同志积极助力，一面随市委老干局队伍到农村和社区参加整治活动。在通江大道一侧环境整治现场，他一脚站在杂草丛生的污水沟里，一脚站在斜坡上，手握砍刀砍着路坡上的荒草杂树，满身汗水顺着衣服往下淋。时任市委组织部部长唐诚见了，对参加整治战斗的干部们大声地说："你们年轻人要好好地向邢主席学习！"

2020年初，无为市打响了全民抗击疫情的战斗。邢献宝要求全市广大关工"五老"同志在做好自身防护的基础上，积极投入抗疫战斗。与此同时，他带领办公室主任深入到5个镇、4个村和社区，走进留守儿童和学生家中，给他们送去口罩（当时口罩难求），并嘱咐他们一定要居家防疫，学好功课。

2021年是乡村振兴工作开局之年，市关工委自觉对标对表，印发了《关于实施"乡村振兴·关工助力"工作的实施意见》，市、镇、村相继成立了领导组。市关工委协调、联合乡村振兴局、农业农村局，共同印发了《关于发挥关工委组织在乡村振兴中的作用的意见》，选定每镇一个村（社区）为"乡村振兴·关工助力"工作示范点并授牌，采取市关工委负责人结对联系示范村、召开示范村工作汇报会、跟进考核等多项措施，推进示范点工作不断深入。

吴冠闻

（原载《安徽关工通讯》2022年3月）

他以“三牛”精神为关爱事业辛勤耕耘

——记全国关心下一代工作先进个人、南陵县关工委主任胡锡涛

2022年7月，胡锡涛（右）在三里镇重点水域检查暑期青少年防溺水工作　涂志勤　摄

“前进道路上，我们要大力发扬孺子牛、拓荒牛、老黄牛精神，以不怕苦、能吃苦的牛劲牛力，不用扬鞭自奋蹄，继续为中华民族伟大复兴辛勤耕耘、勇往直前，在新时代创造新的历史辉煌！”

——习近平总书记在2021年春节团拜会上的讲话

在南陵县困境学子、留守儿童以及他们监护人的心目中，村（居）关工委是距离最近、最有温度的依靠，每当遇到沟沟坎坎、磕磕绊绊，第一时间想到的就是“找关工委去呀！”

作为社会治理最基层的细胞，村（居）一级关工委何来这样的影响力？

南陵县关工系统“三老”——三里、何湾、籍山三个镇的关工委执行主任顾照炎、何绪恒、钱必海给出的共同答案是：首先是各级党政领导重视支持，然后是县关工委胡锡涛主任这只“领头雁”带得好。没有他的忠诚敬业、无私奉献、开拓创新，南陵县关工事业不可能有今天这样的局面。堪为佐证的是：近10年来，南陵县关工委多次获得省、市关心下一代工作先进集体，省“双十佳”先进集体提名奖，全国第二届、第三届“关爱明天·普法先行”青少年普法教育活动先进单位；2017年，南陵县被列入全国第三届“关爱明天·普法先行”青少年普法教育示范区。此前，胡锡涛于2014年被中国关工委、司法部、中央综治办授予全国青少年普法教育先进工作者。2020年，县关工委被省委组织部、省委老干局授予全省离退休干部先进集体荣誉称号，再度获评全省关心下一代工作先进集体；胡锡涛本人被中国关工委、中央文明办授予全国关心下一代工作先进工作者。

孺子牛：关心下一代是党的事业，我是共产党员，县委让我当这个关工委主任，我必须把它干好

“孺子牛”精神意指为民服务、无私奉献的精神，贵在一个“忠”字，即不忘初心、牢记使命，把一生交给党安排。

2010年，胡锡涛从南陵县人大常委会副主任、党组副书记岗位上退休，此前，他历任县委组织部副部长、副县长、常务副县长、县委副书记、县纪委书记，具有丰富的领导经验和良好口碑。退休时，县委请他出任县关心下一代工作委员会主任。尽管当时对“关工委”组织性质、职能和任务还不如现今这么明了，但胡锡涛认定：既然组织上将这副担子交给我，说明它一定很重要。我作为一名受党教育培养多年的老党员，应该做、能够做、值得做，而且一定要做到最好。

胡锡涛是个执着的人。面对全新的工作领域和服务对象，他毫不讳言自己的“知识恐慌”和“本领恐慌”，并全身心投入到学习中，抓紧点滴时间“加油”“充电”，苦练内功。他办公室的文件橱内存放着一摞厚厚的笔记本，密密麻麻的蝇头小字记录着从中央到省、市、县党委关于关心下一代工

作的指示精神，上级关工委历年的文件摘要，制度汇编和先进单位的典型经验等，并根据以上“知识储备”亲自编撰了《关工委组织基本情况》《基层关工委“创五好”基本要求》《创建“五好”关工委评估验收应备基本资料目录》等规范性文件和讲稿、测试题等，直接用于对基层工作的指导，从一个关工领域的“门外汉”变成大家公认的专家型领导。

与此同时，他更是把理论武装摆在突出位置，不仅坚持自学，关工委每周一主任例会的集体学习也早已形成制度。近年来，先后学习了党章、党的十九大工作报告、《习近平谈治国理政》、习近平关于关心下一代工作系列重要指示批示等。为了增强学习效果，他提前选好书目内容，自己先学一步、学深一点，带头做好交流发言，不仅促进了县关工委班子良好学风的养成，还为基层关工委和“五老”同志的理论学习带了好头。通过学习，提高站位，找准方向，不断强化做好关工委工作的责任感、使命感，主动围绕全县工作大局，积极主动作为。在他的努力下，县“四大班子”领导每年都要就关心下一代工作开展一次专题调研，凡关工委的重要活动都有请必到；县委组织部在全市率先出台了“党建带关建”的规范性文件。县委书记陈海俊、县长李新宇均明确表示：关工委是在为党委、政府分忧解难，我们做好服务保障工作责无旁贷。

拓荒牛：抓基层打基础管长远，
功成不必在我，功成必定有我

“拓荒牛”精神意指攻坚克难、创新发展的精神，贵在一个“拼”字，即知重负重、知责担责，勇于和善于披荆斩棘、冲锋陷阵，当好排头兵、创造新业绩。

何绪恒2004年开始从事乡镇关工委工作，是地地道道的“老关工”。谈及当年的情景，何老颇有“往事不堪回首”的感慨：那个时候，乡镇关工委仅有一枚印章，组织不健全，“五老”人员少，工作条件难以保障，更不用说有作为了。2010年，胡锡涛走马上任时，面对的也是这般窘境。“基础不牢，地动山摇”，新主任的“第一把火”就是在家发镇永林村召开全县关工

委基层组织建设现场会，县委组织部部长和乡镇党委书记参加，凝聚“推进”合力。首先配齐配强关工委班子。一方面积极争取县委支持，一方面主动与乡镇党委沟通交流，精心物色乡镇关工委班子人选，在此基础上，又一鼓作气对村级关工委进行了充实提高。经过锲而不舍的努力，目前，全县关工组织总数达402个，各镇、县直单位、规模以上民营企业及各中小学、村（社区）全部成立了关工委，8815位关工“五老”同志跻身关爱队伍，实现了全县关心下一代工作网络全覆盖。同时，胡锡涛以“双创”（集体创“五好”，个人创先进）为抓手，不断夯实关心下一代工作基础。每年的基层关工委主任培训班上，他都结合自己的工作实践和调研成果撰写教材并亲自担任主讲，指导基层关工委在查找问题、解决问题中创“五好”，在开展活动中创“五好”，在为青少年做好事、办实事、解难事中创“五好”。“五老”们反映：“胡主任讲课，针对基层工作存在的问题和短板，把脉精准，‘处方’对路，听得懂、记得住、学得会。”随着各级关工委自身建设的不断加强，“五老”同志政治素质和工作能力的不断提高，社会影响力和美誉度也不断提升。截至目前，全县共有195个基层关工委被评为县级“五好”关工委，其中92个被评为市级“五好”关工委，5个镇实现了“五好”关工委全覆盖。130多名“五老”先后获得省、市、县的各项表彰。

以制度建设推动各级关工委建设上水平、上台阶、规范化，也是胡锡涛一直紧抓不放的工作。县关工委周一例会暨集体学习制度早已形成；每年一次县关工委成员单位会议、每半年一次镇关工委轮值会议、暑期工作、“两节”工作部署例会制度也坚持多年，“到什么节点干什么事”，全县关工系统上下皆了然于胸，按部就班，有条不紊。

创新与发展同为关工委工作的两个“关键词”，胡锡涛一直在思考和探索。县直机关点多面广，关工委工作参差不齐。鉴于此，县关工委争取县委、县政府支持，将其纳入党政机关绩效考核内容，每年分片召开交流会，有力地促进了该项工作的开展；民营企业关工委组建工作由开发区党工委牵头，通过专门工作班子逐户推进、召开现场会典型引路等，很快打开局面；学校关工委的建设，则紧紧依靠教育局党委，牢牢占领关心下一代工作的主阵地、主战场。

老黄牛：只讲奉献不求回报，用心用情用力，谱写关心下一代事业新篇章

“老黄牛”精神意指艰苦奋斗、吃苦耐劳的精神，贵在一个“实”字，即主动作为、勇于担当，抓铁有印、踏石留痕，把每项工作做实、做细、做好，做到位，让党和政府放心、关爱对象和人民群众满意。

老黄牛精神落实到关工委业务工作上，首先是服务青少年，为他们人生出彩搭建舞台的同时，给予关工“五老”们细致入微的关怀和呵护，这一点，时时萦绕在胡锡涛心中。

关爱留守儿童。根据胡锡涛的要求，全县动员了2288名关工“五老”结对帮扶2217名留守儿童，约占全县留守儿童总数的75%。不仅关注关心他们的生活和学习，更注意弥补他们的亲情缺失。从2013年起，每年“六一”，都要挑选40名留守儿童，为他们送去书包、文具盒和红色书刊，还组织他们先后赴泾县云岭新四军军部纪念馆、芜湖王稼祥纪念园、南京大屠杀遇难同胞纪念馆和雨花台烈士陵园等处，开展革命传统教育。

关爱困境学子。胡锡涛多方奔走，调动各种资源，积极争取有关部门和爱心人士支持，近五年来，县关工委共协调筹集各类助学（奖学）金320多万元，惠及2800多名贫困家庭学生。他大力组织实施“脱贫攻坚·关工助力”“双百双扶”工程，对20名建档立卡贫困户学子进行了跟踪帮扶。每年春节期间，县关工委都要发起“情系贫困生，奉献关爱心”活动，各级关工委和广大爱心人士热烈响应，纷纷携带款物，先后走访慰问困境学生1000多人，发放慰问款物计40多万元。他对病、残学生给予更多的关爱，动员各级关工委和爱心人士募集善款，自2014年以来累计达百万元，其中安徽鲁班集团每年拿出10余万元助学金，已连续发放16年。

籍山镇、许镇镇有几个儿童不幸得了白血病，胡锡涛到村里指导工作时听说此事，特意到患儿家中探望，叮嘱村“两委”负责人和村关工“五老”想方设法给予救助，并当场给予资助。回到单位后，他及时争取、协调上级

关工委、县直有关单位、志愿者组织等，筹措善款3万余元，又率队一一登门慰问，将善款送至患儿手中。

家发镇有一个名叫刘某某的学子，自幼患重症肌无力，学习和生活面临许多困难。刘某某自强不息，品学兼优。胡锡涛和县镇两级关工委及所在学校关工委也一直关注他的成长。刘某某考入大学后，胡锡涛还专程前往他就读的巢湖学院进行“爱心对接”，得到校方的全力支持。为了避免上下楼梯对肢体的损伤，大学4年，刘某某所在班级被一直固定在一楼，并有志愿者为他提供所需要的服务，直到他大学毕业。

关注中小学生人身安全。南陵中学新校区启用之初，校门口交通秩序比较混乱，存在较大的安全隐患。胡锡涛得知后立即组织“五老”前往调研并形成专题报告，得到县委、县政府的重视，及时责成有关部门开展综合整治，使交通秩序有了明显改观。每年暑期来临，他都未雨绸缪，提前谋划和部署预防青少年溺水工作，动员“五老”积极参与宣传、值守、巡查，他还经常深入重点水域进行督导。

关心失足青少年。他带领有关部门到省九城监狱，探视、帮教南陵籍青少年服刑人员，并走访他们的家庭，与家长一起共商帮教之策，帮助这些“迷途的羔羊”重新回归社会。探视中，有一名服刑人员无意中说到，自己的孩子已到上幼儿园的年龄。言者无意，听者有心，胡锡涛回来后亲自找到社区居委会主任，帮孩子办了入园手续，这名服刑人员全家深受感动。

对于“五老”同志，胡锡涛更是“高看一眼”“厚爱三分”。县关工委老同事身体有恙、家中有事，他都前往探访慰问，平时工作总是多鼓励多褒奖，营造出一种家庭般的和谐氛围。对于基层关工委的同志，他也是尊重呵护有加。他多次走进“全国红色经典宣传员”何志城、市关工委旗帜报告团成员李家英（志愿军一级英雄李家发胞妹）家中嘘寒问暖。家发镇“全国普法先进个人”张伯英、三里镇双河村关工委常务副主任赵根生（均先后辞世）生病期间，胡锡涛都曾登门探视慰问。每年春节，基层关工委主任们都能收到胡锡涛寄来的贺卡或是微信祝福，虽是薄纸一张、只言片语，却让这些老伙计们的获得感和幸福指数“爆表”。

胡锡涛认为，关工委组织的生命力在于活动。他始终把加强青少年思想道德建设摆在首要位置，坚持育人为本，立德为先，教育引导广大青少年听党话、跟党走。县关工委火炬报告团每年都要开展主题教育宣讲报告20余场次，受教学生4000余人次。在“关爱明天·普法先行”青少年普法教育活动中，胡锡涛亲自主持制定“普法教育实施方案”，深入中小学校园指导“零犯罪学校”创建工作。县关工委围绕“传承红色基因、争做时代新人”主题，在全县青少年中开展“五个一”活动（聆听一次“五老”宣讲、阅读一本党史国史书籍、参观一个革命遗迹、撰写一篇学习体会、参加一次志愿服务）；联合县教育局举办“中华魂”（爱我中华）主题教育读书征文比赛活动；举办法治教育活动和“庆六一、送温暖、读红书、做新人”主题活动。有关乡镇也分别举办“纯真、理想、伴我成长”关爱留守儿童活动、“我的书屋·我的七彩梦想”暑假系列文化活动等，受到中小学生和家长的欢迎。

有人将关工委工作比作“挑夫”：一头挑着“老”（“五老”），一头挑着“小”（青少年）。如何挑好这副担子？胡锡涛的感悟有三：一是放得下身段，善于整合资源，主动做好与相关部门的沟通协调，搭台唱戏、借台唱戏、同台唱戏。二是自己带头干，做出样子给大家看。作为正县级领导干部，他事必躬亲，亲自起草文件、编印简报；撰写调研报告和培训教材，还忙里偷闲，将关工委工作和活动“转化”为新闻报道，每年在各级各类新闻媒体发稿几十篇。十年来，他撰写的各类材料、文章的稿纸堆起来有2尺高，足有5公斤重，较好地满足了工作需要，有力地宣传了关工事业和“五老”精神。在他的影响和带动下，南陵县关工宣传稿件数量和质量实现双跨越。他患有严重的腰椎病，平时行走不方便，发作起来更是疼痛难忍，但他一直坚持上全天班。有一天下午，一位乡镇关工委主任到县城办事，顺道走进胡锡涛的办公室，只见他正在伏案工作，脸上布满星星点点的汗水，腰间还戴着腰托。这位老同志在心中默默念叨：就冲着你这股子“拼命三郎”劲头，我们再苦再累也不能“掉链子”！三是只讲奉献，不谋私利。他当关工委主任11年，每年经手几十万元助学助困资金，从未为亲朋好友打过一次招呼、开过一扇“后门”。县关工委常务副主任叶远明，副主任姚玉刚、杨文义由衷地说："锡涛主任在关心下一代工作岗位上真正做到了用心用情用力，他以忠诚和奉献对'三牛'精神作出了最好的诠释。"

马小平　刘杰义　方佳金

（原载《安徽关工通讯》2021年第3期）

二十载耕耘　他将大爱播撒在水乡热土

——记镜湖区方村街道关工委执行主任王万春

王万春（后排左二）向参加清明节缅怀英烈活动的中小学生宣讲
本土红色经典故事　王万春　供图

在镜湖区关工系统，王万春的名字是和一系列“最”联系在一起的：从事关工委工作资历最老、连续工作时间最长（从2000年起至今已21个年头）、能力最强（尤其是办公自动化软件运用与年轻人“有得一拼”）、办法最多（区关工委部署的许多工作到他这里总能另辟蹊径做得风生水起）、荣誉也最多（先后获市关心下一代工作先进个人、最美“五老”、芜湖市优秀共产党员、全省关心下一代工作先进个人、省“十佳五老”志愿者等荣誉称号）。2020年11月，在中国关工委成立30周年暨全国关心下一代工作表彰大会上，王万春又获评全国关心下一代先进工作者——这也是促成此次采访的主要动因。2021年6月23日，我们在镜湖区关工委副主任杨珍等引导下，走进市区东南隅的美丽水乡——方村。

“关工委的王大人”，这充满尊崇之意的称谓，展示了王万春在这一方水土的影响力和美誉度

“你们是来采访王大人的吧？快请坐，我给你们泡茶。”走进方村街道关工委会议室，一位30多岁的女同志笑着迎上来。她叫王燕，是街道党工委委员、办事处副主任，听说市关工委同志来采访，特地放下手头的工作接待我们。“怎么称呼王老为‘王大人’呢？是不是因为他在人大主席的位子干过？”“主要还是出于一种尊重吧，上上下下都这么叫，连历届党政领导也入乡随俗，常将‘王大人’挂在嘴边。另外，在老百姓心目中，‘大人’是能为他们办实事、解难题的人，这些年，关工委为老百姓办了多少事、为党委、政府分了多少忧，干部群众都看在眼里、记在心上。在方村，王大人的口碑好着呢！”王燕说。

历史上的“方村乡”“方村镇”一直隶属于芜湖县（今湾沚区），后来又整合了埭南和天民两个乡，形成今天总面积65.96平方公里，总户数1.3万、总人口4.6万的框架。进入新时期，方村于城市化浪潮中融入市区版图，于2010年8月划归镜湖区管辖，同年12月设立方村街道办事处，现辖12个村、2个社区。

今年75岁的万王春是土生土长的方村人。他1964年参军入伍，在部队这座大熔炉里摸爬滚打了5年后“解甲归田”，先后任村副书记、民兵营长、公社武装部长、乡党委副书记、乡长、乡党委书记。2000年9月从工作岗位上退下来时，党委决定让他担任关工委常务副主任。面对全新的工作领域和服务对象，王万春牢记共产党员的初心使命，在党政领导的支持下，通过健全组织，搭建基层关工平台；因地制宜开展“五教”“五助”活动；精准扶贫，帮助贫困学子圆梦大学；关爱留守儿童，共享一片蓝天。关心下一代工作如出水芙蓉，灼灼其华。截至目前，创建“五好”村关工委8个、“五好”社区关工委1个，创建率达64.29%。2015年10月，全街道关工委组织实行网格化管理，计有三大片（方村片、埭南片、天民片）73个大网格210个小网格，实现村村有网，网中有格，格中有人，人负其责。镜湖区关工委

副主任杨珍对此感慨良多：“方村街道关工委有今天这样的格局和气象，王老付出的心血和汗水局外人很难想象。20年来，他以实际行动践行着一名共产党员、退休干部的职责使命，树立起新时代‘五老’的崭新形象，值得我们每一个从事关心下一代工作的同志对标看齐。”

“王大人”头上有三顶“帽子”，惟关工委这顶帽子戴得最累但也最有成就感

王万春头上有三顶“帽子”：街道老龄委主任、老教委主任、关工委执行主任。身兼数职，孰重孰轻？“王大人”坦言：“前两项工作属于涉老事业，对我来说是轻车熟路。唯独关工委执行主任这顶‘帽子’，一头连着‘小’——为国家培养接班人，让每一个孩子快乐健康地成长；一头连着‘老’——要将更多的‘五老’动员起来，把关心下一代的工作队伍搞得大大的、人搞得多多的。这‘帽子’戴得不轻松啊！”

2005年以前，村（社区）关工委组织很不健全。王万春认识到，“基础不牢，地动山摇”，当务之急就是夯实基层基础。为此，他与几位老同志分头进行走访和调研，结合上级关工委有关文件精神，起草了《健全基层关工委组织的指导意见》，第一时间向党委呈报，镇党委十分重视，及时作了转发。有了“尚方宝剑”，镇关工委铆足劲头，按照先易后难、成熟一个健全一个的原则，一家一家地落实。王万春带领3个指导小组，以抓铁有痕的精神上门督导，跑一次不行，就两次、三次，有的村前后跑了六次之多。对一些有威望、有能力的退休村干部，王万春“三顾茅庐”动员他们“出山”。经过不懈努力，到第二年9月，各基层单位关工委组织全部建立，主任均由村（社区）支部书记或副书记兼任，选配一名德高望重的老同志担任常务副主任。为了保持基层关工委班子的稳定，王万春经常和村（社区）常务副主任谈心，嘘寒问暖，用感情留人。同时，全力争取党政领导的支持，解决了每月的通信、交通补贴，并为他们安排一些如财务监督、环卫督查、民事调解等兼职工作，用待遇留人。有了相对稳定的收入，解除了生活上的后顾之忧，村（社区）关工委“掌门人”精神面貌焕然一新，心无旁骛地投入到谋

事、干事中。

方村街道偏于镜湖区边缘，属于传统的农村地区，经济发展滞后，劳动力外出务工的较多。由此滋生的留守儿童和特困生问题较为突出，尤其是高考被录取的优秀学子因交不起学费面临辍学的窘境，更成为王万春心中挥之不去的痛。

“决不能让贫困阻断了孩子们的求学路！”在党政领导的支持下，王万春和关工委一班人四处奔波，发动干部、教师、职工及社会爱心人士捐资助学。十余年来，先后有3000余人次捐赠爱心款50余万元，资助贫困学子270名（其中录取本科以上的大学生182名，录取重点高中学生88名），每人获得资助金额1000元至3000元不等，让每一个受助学子怀揣着梦想和感恩之心踏上就学路。

对5名建档的特困家庭学生实施精准帮扶。在区关工委领导的重视关心和刘春元等爱心人士的鼎力支持下，街道关工委对张某某等5名特困生进行长达3年的接力帮扶，除了给予每人3000元/年的资助外，还组织“五老”开展个性化的心理疏导、精神慰藉和学习辅导，做到既扶贫又扶志、扶智。

让留守儿童和困境学子共享同一片蓝天。根据2020年初的摸底统计，全街道尚有留守儿童80名，特困家庭学生63名，占在籍学生总数的5.3%。为了让这些孩子与同龄人一样快乐学习、健康成长，王万春动员街道和村（社区）“五老”成员，以“一帮一”“二帮一”的形式进行结对关爱。平时，结对的“五老”人员不定期家访，了解孩子生活和学习情况，同时还建立了与学校班主任联系交流的“绿色通道”，及时了解结对的留守儿童、特困学生在校表现。除了对孩子们日常生活、学习的关心关注，寒暑假和双休日还组织开展体验军旅生活的夏令营、体验传统农耕文化的“赤脚下田学插秧”等活动，还有书画兴趣班、悦读和绿色上网等。各村（社区）利用农家书屋建立留守儿童之家，开通亲情电话，让留守儿童和远在他乡的父母倾诉思念之情。“六一”儿童节和春节期间组织“五老”到结对的留守儿童家去看望，并送去学习资料和书刊。同级财政还为特困生准备了200元到300元的慰问金和学习用品。通过一系列活动的开展，留守儿童和困境学生普遍存在的性格孤僻、沉默寡言、学习被动、行为散漫的情况逐渐消解，他们逐渐成为活泼开朗的阳光少年。街道多年来未出现过未成年人违法犯罪现象。

防溺水与安全教育警钟长鸣。方村街道是圩区水网地带，预防青少年溺水是每年夏季的一道“必答题”。街道关工委主动联合团委、妇联、计生、民政等部门，形成辖区防溺水工作无缝衔接、齐抓共管的工作格局。除了做好加大宣传力度、举办专题讲座、发放《致家长一封信》、设置或更新防溺水警示牌等“规定动作”，关工委还组织“五老”义务巡逻队60余支，180余名“五老”志愿者对各村（社区）重点水域展开全天候巡逻，做到不留死角，不留漏洞。多年来，这个河网密布、沟渠纵横的水乡，青少年防溺水和交通安全方面一直保持着事故“零记录”。这一成绩的背后，“王万春们”付出了多少，党政领导清楚，学生家长们更清楚。

现今，“有难事找关工委、找‘王大人’”已成为方村群众常说的“热词”，这让王万春和关工“五老”们很有成就感，他们“累并快乐着”。

关工委工作干无止境、学无止境，唯有不断“充电”、不断创新，才能保持与时代同步

因为工作关系，镜湖区关工委办公室主任马永健与“王大人”接触较多，对他的工作思路和风格也有着深入的了解。她说，相对于各方面条件较好的城区，方村经济基础薄弱，需要关爱的人多、工作难度大，但每项工作都非常出彩，尤其是宣传和归档资料堪称全区样板。街道关工委成员、年逾8旬的退休教师朱宗灼对此感同身受：“在我们方村，关工委的活动长年不断，每项活动王主任都是精心谋划，带领我们一起干。他对工作倾情投入，对我们这帮老家伙也是关心加尊重，跟他干事，人累但心里舒坦。”然而，对王万春本人而言，投入精力和时间最多、也最能真实记载和展示关工委工作的当推“一刊一书”。

一刊曰《方村夕朝工作》，属于工作简报性质，每季度一期，至今已出53期。“夕”者，夕阳“五老”也；“朝”者，朝阳青少年也。简报紧扣两大主题，期期内容厚实，编排考究，图文并茂，颇具专业水准。为了这本内

刊，“王大人”集采、写、编、摄和版式于一身，经常在电脑前一坐就是大半天，双休日也连轴转。出刊后又第一时间送到党政领导和各部门负责同志的案头。王万春笑言，街道历届领导对关工委工作的重视支持，除了“五老”的主动作为外，这本薄薄的《方村夕朝工作》潜移默化的影响也不可低估。

一书即《方村史话》。赓续历史文脉，传承红色经典是关心下一代工作题中应有之义。方村历史悠久，人文荟萃，“王大人”早就萌生了编一本乡土教材的想法。在党政主要负责同志大力支持下，王万春和他的团队从2005年4月“非物质文化遗产资源”普查工作起步，历时10余载，终于干成了一件“青史留名”的大事——2018年6月，50余万字的《方村史话》由安徽师范大学出版社正式出版。全书共设“桑梓钩沉”“姓氏觅踪”“地名传奇”“烽火岁月”“人物春秋”“农耕索隐”“乡风民俗”“非遗文化”“宗教建筑”“民间故事”“方言俚语”“文苑芬芳”等12个板块，收录文章120余篇，诗词百余首。《方村史话》的面世，对于资政育人，引导青少年把红色传承植入灵魂、融入血脉，体悟蕴含其中的精神力量和实践价值，发挥着独特的不可替代的作用。

“王主任，这20年，您把整个人‘卖’给了关工委，把家当成了饭馆客栈，老伴怎么想的呀？”提起老伴，王万春脸上写满歉疚和感激：“这么多年，没有她的理解、包容和支持，我不可能走到今天。”

王夫人叫张玫瑰，当过多年的小学教师，在埭南中心小学副校长的岗位上退休。为了让老伴儿全身心投入关工委工作，贤惠的她独自包揽下全部家务活，每天都备下可口的饭菜，有时还让老王喝两口小酒。不仅如此，她还是“王大人”工作上的得力助手。她担任街道老年学校文艺队副队长兼文体班教师，关工委举办相关活动时，张玫瑰老师就当仁不让地成了志愿者，从活动策划、人员组织到教学安排等全程参与，着实让老伴儿省了不少心。张玫瑰还担任着方塘社区网吧义务监督员，2015年曾荣获全市关工系统“五老”网吧义务监督工作先进个人。为了适应时代，60岁后她还自学电脑并因此获评芜湖市第三届“百姓学习之星”。目前已能浏览各类网页查找信息，文档、表格的制作，音频、视频的下载与格式转换等也都驾轻就熟，这些也助了“王大人”一臂之力。

采访临近尾声时，我们将话题切换到“十四五”期间方村关工事业有哪些新设想、新举措，王万春显得成竹在胸：“关工委工作干无止境、学无止境，唯有不断‘充电’、不断创新，才能保持与时代同步，我们永远在路上。”

市关工委“关工走基层”报道组

（原载《春晖》2021年第4期）

他把本土红色故事转化为党史学习教育的“活教材”

——芜湖市关工委旗帜报告团宣讲员、党史专家王敏林印象

王敏林欣喜地翻阅由他担任主编的党史研究方面的新书　王敏林　供图

40年专做一件事，他摘取了党史研究领域最绚丽的“王冠”

采访王敏林颇费了一番周折：并非这位75岁的知名党史研究专家有意“摆谱”，而是他确实太忙了——市关工委旗帜报告团管天文秘书长帮我们联系了数次，均被告知他“不是在讲党史，就是在讲党史的路上”。直到2021年10月27日上午，王老才“忙里偷闲”地接受了我们的采访。

2021年是中国共产党百年华诞。话题自然从党史研究切入，这也是王

敏林最有成就感的谈资。1982年，当时在无为县蜀山中学任语文老师的王敏林被选调到县委党史研究室，一直在这个领域“深耕”，即使退休之后依然乐此不疲，不知不觉间已有40个年头。

“40年专做一件事，那您绝对是资深专家了!”“专家不敢当，成果倒是出了一些。”王老将他的著作一一与我们分享：这些年来，他先后主编了无为红色故事《濡须风云》，“安徽红色历史记忆丛书”之《红色无为》《新四军在无为》，反映解放战争渡江战役的《大军从此过江东》，合著“雨花台烈士传丛书”之《吕惠生传》等。还受无为市关工委委托，主编《道德模范和身边好人》。王老在作宣讲报告时，都将以上书刊随机分发给相关学校和单位，实现了宣传效应最大化。“著作等身”的王敏林还摘取了党史研究领域最绚丽的“王冠”：2006年9月，中共中央党史研究室向他颁发了“全国党史系统先进工作者”证书，这本红彤彤的证书，为王敏林的职业生涯画上一个圆满的句号。

2007年，王敏林从无为县委党史研究室主任岗位上退休。可“解甲”之后的他并未安享一天“归田”的清闲，反而更忙了。筹建新四军七师纪念馆，市领导请老主任“出山”。王敏林二话不说，从总体规划、布展设计到各种文字档案和音像资料的搜集、整理，乃至解说词的撰写，都是全程跟进、亲力亲为。历时三年，纪念馆于2014年如期建成开放，受到无为市委、市政府和新四军历史研究专家的高度赞誉。以新四军七师纪念馆、烈士陵园等革命历史遗存与纪念场所等红色资源为载体，挖掘其育人价值，让党员干部走进融知识、文化与教育为一体的红色“第二课堂”，现场追溯历史、反思现实，补充“红色营养”。通过观看实物与图片、聆听讲解、重温入党誓词等方式，提高党员干部学习革命先辈先烈的自觉性，增强党性意识，牢记红色政权是从哪里来的、新中国是怎么建立起来的。2021年新四军七师纪念馆共接待省内外200多家单位。此后，王敏林又担纲“无为革命史迹展览馆”的规划、布展等，以全身心的投入打造精品工程。近年来，随着美丽乡村建设热潮的兴起，王老还应邀参与指导石涧党建展览馆等一批基层党史宣传阵地的建设，助推广大党员干部群众学史明理、学史增信、学史崇德、学史力行。

不是在讲党史，就是在讲党史的路上

2021年是中国共产党百年华诞，党史学习教育成为全党的一项重要任务。无为是革命老区，是皖江抗日根据地中心区和新四军第七师诞生地，红色基因深深融入在无为人民的血脉当中。如何充分发挥老党员、老同志的余热和优势，用生动的乡土语言开展党史宣讲，讲好身边的英雄故事，讲好乡土的党史，使宣讲接地气、冒热气、聚人气？“我要将掌握的党史和地方史资料，结合自己的研究成果给青少年讲好党史教育课，引导他们牢记党和国家历史、珍惜幸福生活、发奋读书，学好本领、创造美好未来。”作为党史研究老专家，王敏林义不容辞。

今年以来，王敏林先后应芜湖市博物馆、规划馆、鸠江区委组织部、经开区万春街道、火龙岗中学、碧桂园小学等单位邀请举办党史讲座，加上无为市农业农村局、数据资源管理局、国税局、市妇联、市医院、武警中队、福渡镇等单位以及举办“党史宣讲进校园”活动的各类学校，共宣讲了37场，受众8000余人。

“支援解放军，打过长江去，解放全中国！”“最后一口粮，做的是军粮；最后一块布，做的是军装；最后一个儿子啊，送到了部队上。”王老在讲述渡江战役时格外感慨，将现场的党员干部带回那段硝烟弥漫的峥嵘岁月，让大家更加深刻领会到革命先烈们的革命信仰与革命精神，激励着广大党员干部学党史、悟思想、办实事、开新局，为启航新征程凝聚强大精神力量。

“这段时间确实有点忙，有时一天要安排两场，讲得嗓子发干。但我觉得很充实、很有成就感。”说到“成就感”，王老不无自豪地向我们透露，今年他“一不小心”在央视、省台和市台等三级电视台“露了把脸”：6月26日和27日，央视《经济信息联播》和《第一时间》播出中央广播电视总台、中国人民银行联合策划的大型融媒体报道《红色金融路》专题，王敏林参与录制并担任主讲的《大江币背后的红色故事》引起关注；《魂系皖江之无为先烈吕惠生》在安徽电视台公共频道推出；以新四军经济建设和廉政建设为主题的访谈类节目在芜湖电视台《鸠兹三人行》“亮相”。一个退休老人还能被主流媒体如此“抬爱”，王敏林正应了那句著名的唐诗“霜叶红于二月花”。

有力度，把党史讲鲜活；有温度，把故事讲生动；有厚度，把精神讲入心

王敏林认为，党史宣讲是一项严肃的政治任务。“我作为市关工委旗帜报告团的宣讲员，首先要不断提高自己的政治站位，坚持‘四个自信’，做到宣讲内容与中央的大政方针和宣传口径保持高度一致。同时要切合实际，根据不同的受众采取不同的方式，以期宣讲效应的最大化。”

——有力度，把党史讲鲜活。今年，市税务系统各级领导班子成员参观新四军七师纪念馆，王敏林给他们讲了当年七师为了发展生产、保障民生，领导机关如何制定和调整税率、税务干部如何一边征税一边宣传抗战、动员群众参军杀敌的史实。由于与税务部门的业务高度切合，大家听得入脑入心，反响十分热烈。在向市烟草公司宣讲时，王敏林将大家带到七师师部旧址曾希圣手植的棠梨树下，开始了“一棵大树下的党史报告”，着重讲述了当年七师官兵响应党中央“自己动手 丰衣足食”的号召，白手起家创办“禾苗烟厂”，不仅保证了“每人每天一支烟”的供给，还积累并上缴了大量经费，有力支援了抗日战争，赢得“富七师”美名。由于受众是烟草公司干部职工，讲的又是新四军办烟厂的故事，这就使讲稿上的党史变得鲜活起来，“代入感”特别强。

——有温度，把故事讲生动。党史宣讲的对象主要是中小学生和青年职工，照本宣科式的“我念你听”显然难以“走心”。王敏林充分发挥讲故事的特长，在“党史教育进校园，红色精神代代传”主题活动中，他给小学生讲“一段难以忘怀的恩情”。当年新四军北撤时，将一些年幼的子女留在老乡家中。老区人民为了保护这些红色的幼苗，舍生忘死，不怕牺牲，涌现出许多可歌可泣的故事，这些故事彰显了“拳拳赤子心，殷殷老区情”“江山

就是人民，人民就是江山”的宏大主题，许多小学生感动得热泪盈眶。王敏林还将本土渡江英雄马毛姐的故事融入他的宣讲：“1949年春天，部队准备渡江。一天，马毛姐听人说村里已经贴出征集渡江民船的公告，她连蹦带跳地回到家，找到哥哥说：‘我要送解放军过江，到南京去抓蒋介石！’那天，她和哥哥瞒着父亲，跑到十几里外的凤凰颈船舶站报了名，要在解放军渡江时当水手。为了帮解放军筹集到足够的船只，马毛姐和哥哥还帮着解放军和区乡工作队挨家挨户地说服村民把那些沉在水里的船只捞出来，帮助运送解放军。4月20日晚，大军开始强渡长江。马毛姐当时才14岁，又是个女孩子——被强制送下了船，她哭着嚷着硬要上去，终于被战士们拦住了。但她决不放弃，坐在江岸上苦苦守候，一直到她哥哥的船回来。第二拨过江的船只起锚了！穿着满是补丁小棉袄的马毛姐一个箭步飞身上船，稳稳地落在舵手的位置上。就这样，哥哥扯帆，妹妹掌舵，马毛姐最终成为渡江先锋队队员之一，载着30名解放军，从无为县白茆洲驶离江岸，向暗黑如墨的长江南岸进发。船开到江心时，对岸枪炮声大作，激起了一阵阵的水柱和巨浪，突击队有两艘船被敌人炸飞了。生死关头，马毛姐高声叫道：‘哥，冲过去，不能停，不然我们也会被炸沉的！’……”王敏林的深情讲述，在孩子们心中激起阵阵涟漪，全场鸦雀无声。

——有厚度，把精神讲入心。怎样才能把伟大的建党精神讲得“入心”？王敏林认为过好“表达”这一关非常重要。首先，每一个宣讲员要吃透资料、领会精神、融会贯通，只有做足了功课，才能成竹在胸，旁征博引，信手拈来。其次，讲述者本身要有理论自信和本领自信，要有驾驭会场、调动听众情绪的能力。最后，宣讲方式上要努力创新，不能搞“一言堂”“注入式”的宣讲；要注意语气和语速，避免平铺直叙，努力做到抑扬顿挫、以情感人。此外，还要有意识地设置话题，穿插提问环节，调动受众的参与热情。在无为市襄安中学宣讲时，他向同学们提问：“为什么当年人民群众拥军支前的热情那么高？”引起热烈讨论，营造了台上台下互动的活跃气氛。

王敏林对“厚度”的另一种诠释是占有史料的厚重感，这来源于日积月累。在央视专题片《大江币背后的红色故事》中，王敏林就充分展示了作为

"讲述人"的这种"厚度"：那段特殊的历史背景、那一地域的社会经济和风土人情、红色金融的专业术语和专用名词，乃至某一条老街的前世今生……他都了然于胸：

"这张照片就是老街当年的样子，当年新四军第七师在这里设立了皖江贸易总局，对外称集成号。集成号的名字来源于一副对联，上联是'集天下人力物力'，下联是'成抗日救国大业'。当时皖江根据地内流通的货币是法币和伪币，加上敌人的封锁和市场掠夺，造成市面上币值不稳、各货币之间的比价随时变化，贸易发展不畅。1943年，新四军第七师在师部召开会议，决定在皖中总金库的基础上正式成立大江银行。"

"为了躲避敌人，大江银行先后设立了五家印刷所，甚至想出了绝妙的点对点运钱路线。正是通过一系列严谨保密的工作，大江币逐步在市场上流通起来。到1943年底，大江币基本上占领了根据地的金融阵地，成了皖江抗日根据地市场流通的唯一货币。为方便货币兑换，大江银行当时下设2个分行和3个兑换点，累计发行8种面额、18种图案的大江币，发行总额约2000万元。大江银行的创办，使得新四军七师部队供给水平是全军最高的，由此赢得了"富七师、甲全军"的美誉。"以上翔实的资料和数据都是王敏林的研究成果。

深挖本土红色资源，提炼红色文化精神，赓续红色血脉，传承红色基因。王敏林一直在路上！

市关工委"关工走基层"报道组

（原载《春晖》2021年第6期）

秉持“三业”精神　情系关工事业

——记党的十九大代表，安徽太平洋电缆集团

党委副书记、关工委主任叶太应

叶太应（中）和青年员工一起学习党的十九大报告　叶太应　供图

企业关工委工作难做，民营企业关工委工作更难做。可他秉持乐业、敬业、精业的“三业”精神，倾注一腔热情，把一个民营企业关工委工作做得风生水起，红红火火，凝聚起企业人心，增加了企业正能量，促进了企业发展，受到各级党组织和关工委的高度赞誉。他，就是退休干部、现任无为市民企安徽太平洋电缆集团党委副书记、关工委主任叶太应。

乐业，他不辞辛苦

2012年3月，叶太应从无为县（2019年改为无为市）粮食局党委书记岗位上退休。同年9月，县委组织部安排他到太平洋电缆集团担任党建工作指

导员，帮助筹建党委，并担任专职副书记。他二话没说，第二天便走马上任，一周内即完成了成立集团党委的各项筹备工作，集团党建工作很快就有序有效地开展起来了。同年12月，县关工委拟在集团成立关工委组织，并建议叶太应担任关工委主任。征求他本人意见时，他说："我们退休干部有的是时间，为社会做一件事是做，做两件事也是做。既然组织信任，我就不推辞了。"于是叶太应在做好党建工作的同时，又挑起了集团关心下一代的工作，并摸索出以"党建带关键"，带动与促进企业关心下一代工作。

为节省集团编制与经费，党委一切事务均由叶太应一人亲力亲为。现在多了一个关工委主任的"头衔"，可他还是个"光杆司令"。他整天忙个不停，经常吃住在厂，有时周末也不得休息。他家住县城，距集团有10公里。几年来，不论严寒酷暑，刮风下雨，他每天上下班坚持徒步40多分钟，再乘坐集团班车。一些老同事、老熟人特别是家里人说他这样太辛苦了，他笑着说："我乐意。"

敬业，他全身心投入

安徽太平洋电缆集团有员工330名，其中青年职工182名，占比55%。青年职工工作做好了，企业就稳定了，经济效益和社会效益方面的问题也就好解决了。这正是关工委工作的职责和意义所在。叶太应将工作上严格要求、思想上正确引导与政治上关心、生活上关爱紧密结合起来。他协调工会、共青团组织，通过开座谈会、个别谈心、问卷调查等方式，了解青年职工思想动态，有针对性地开展思想政治教育。利用节假日组织青年职工参观红色基地，利用业余时间组织他们学习报刊上的先进人物事迹，开展"学先烈、学先辈、学先进"活动，帮助他们培养红色基因、践行社会主义核心价值观。集团关工委主动配合生产技术、质检等职能部门，在青年职工中开展技术培训、岗位练兵、知识竞赛等活动，有效提高了他们的技术素养和生产技能。他以党委副书记的身份，关心培养思想进步的青年。4年多来，先后吸收了28名青年职工入党，8名青年职工被列为培养对象。2015年开始，他征得公司董事会同意、支持，实施青年职工"学历提升计划"，投资近40万元，与中央广播电视大学签约，免费为59名高中毕业青年职工圆了大学梦，为6名大专生实现了“专升本”。生活上，他更是无微不至地关心青年职工。在董事会的支持下，公司扩建了5000多平方米的职工公寓楼，为有需要的员工免费提供宽敞舒适的家庭式住房；扩建了2200平方米的职工食堂、员工活动中心。在全县民营企业中率先为员工办理“五险一金”。每年为职工安排一次体检，并推行年休假制度。公司建立了爱心基金会，先后为10名困难青年职工提供了15万元资助。向县关工委等有关部门争取，先后为8名家庭经济困难员工申请了5万余元助学金和医疗救助金。这些受资助的职工有一句共同的心声：“想不到在民营企业工作，还能得到这么多的关心和关爱！”

精业，他追求卓越

关工委成员多由退离休的“五老”同志组成，无职无权，工作难度相当大。叶太应深知这一点。他给自己提出了“精业”要求：一要业务精通；二要工作精细，工作不止于“最好”，但求“更好”。他利用工余时间，认真阅读领会中央和省、市领导，特别是习近平总书记关于关心下一代工作的重要指示，以及各级党委、关工委有关文件、会议材料、经验总结。县关工委召开会议，他再忙也要参加。在较短的时间内，他对关工委工作做到了入耳、入脑、入门，谈起关工委工作如数家珍。他做工作，不是大水漫灌、泛泛而谈，而是极有针对性、有效性。他每月召开一次青年职工座谈会，听取大家的意见、建议与要求，平时常与青年职工谈心聊天，把大家的意见梳理归类，向董事长汇报，并提出自己的意见建议。2015年3月，19名青年职工由于对班组长的粗暴管理方式不满，联名上书公司领导，进而受到不公正处理。叶太应得悉情况后，以关工委主任身份到车间走访调查，了解实情，然后向党委和董事会主要领导汇报，并拿出了自己的处理方案，使问题得到了妥善解决。一段时间，公司离职人员较多，叶太应“闻”到这个“异常”信息后，及时走访，了解原因。原来是公司薪酬设计与员工的心理预期存在较大差距。为此，他向董事会反映，建议修正并延迟实施已出台的薪酬规定。

为进一步稳定青年职工队伍，调动青年职工工作积极性，他建议董事会增设了工龄工资、学历工资、职称工资和荣誉工资。叶太应精细的关心下一代工作，有机地融入、有力地配合了集团党委的党建工作、董事会的生产经营工作，受到了集团党委、董事会的充分肯定。集团关工委被芜湖市关工委授予“五好”基层关工委称号。

由于多种原因，近几年来，电缆行业普遍陷入困境，可安徽太平洋电缆集团却呈现出业绩效益不断攀升、固定资产投入不断提升、员工人数和福利待遇不断上升的良好发展态势。这当中，有叶太应一份心血与汗水。当笔者请他谈一谈当选党的十九大代表感想时，他只说了一句：“没想到。”好一个“没想到”，正是“此时无声胜有声”！

黄万好

他为青年农民和学子的追梦之旅“导航”

——记芜湖市关工委旗帜报告团宣讲员陶贤林

陶贤林在给新芜经济开发区员工授课　陶贤林　供图

在整个关心下一代工作的语境中，对新型职业农民和进城务工农民这两大群体的关爱似乎未能引起足够重视。而芜湖市关工委旗帜报告团成员中，就有这么一个人，30年如一日，对青年农民和务工农村青年从劳务输出、就业创业技能培训到现代农民素质养成和提升，给予了倾情关注、关切和全身心的投入。他就是芜湖县（现为湾沚区）人社局党组成员、新芜经济技术开发区人社分局局长陶贤林。由于在这一领域的卓越成就和社会影响力，2012年陶贤林跻身芜湖“十大新闻人物”，2013年荣登“中国好人榜”，2016年获评全省优秀共产党员。

陶贤林确实是个大忙人。原定上午9点半接受采访的，因局里临时通知开会，他作为党组成员无法分身，只能在会中请假，可局长只批准30分钟的假，因此，整个采访的内容不得不一再浓缩。

陶贤林是土生土长的农家子弟，小时候家里穷得叮当响，挨冻受饿的苦难经历使他对农村和农民有着极深的感情。1988年职高毕业后，他被分配到县农委工作。经过一段时间的“见习”，领导认定这小伙子学历虽然不高，但聪明好学，再加上模样儿端正，小嘴巴也挺能说，就决定让他从事劳务输出工作。当时，芜湖县每年都有好几万农村富余劳动力亟待寻找出路。可农民单独或三五成群外出“闯世界”，往往四处碰壁，无功而返，即使侥幸找到工作的，也因为自身技能、心理素质和行为习惯等诸多问题，常常半途而废，有的甚至不辞而别，给企业造成损失，也断了自己的“后路”。陶贤林接手此项工作后，一是在运作方式上，变过去的“散兵游勇”单打独斗为组织起来“集中输出”；二是狠抓新型职业农民培训，大面积提高务工农民的综合素质，让他们不仅能尽快胜任新岗位，而且能留得住、干得长、有发展。为此，陶贤林可没少操心。他通过各种渠道捕捉用工信息，对用工需求大的企业一次次登门拜访，宣传芜湖县的劳动力资源优势，并承诺配合用工单位做好管理工作，确保岗位适应性和持续性。一开始，有的企业老总对这个“嘴上无毛”的年轻人还不大待见，几次接触以后，发觉这个小伙子有思想，有办法，讲诚信，都与他成了好朋友，江苏腾泰（制鞋）企业集团等一批优质企业成为芜湖县劳务输出大户。

陶贤林认为，为农村富余劳动力找到外出挣钱的门路，仅仅是迈出了第一步。将传统的农民变成新型职业农民，是一个脱胎换骨、浴火重生的过程。作为该项事业的组织者和服务者，还有大量的工作要去做。比如，“你得让他珍惜就业机会，对岗位心存敬畏和感恩；你得让他懂得什么叫服从、什么叫纪律，违犯的后果是什么；你得让他明白，现代化生产体系中每个流程每道环节不可或缺的作用……”这些年来，陶贤林一直没有停止过对以上问题的思考，并通过各种渠道向农民工朋友“灌输”。红杨镇有一烟农，一年挣了20万元，可一夜豪赌竟输掉15万元，还偷偷跑了。他老婆来找陶贤林哭诉，其中有几句话直戳心窝：“陶老师我恨你，你教会我家男人挣钱的门道，可你咋不教他怎样做人呢！”这番话犹如醍醐灌顶，倒逼陶贤林审视青年农民中一直以来存在的思想道德教育短板，并下决心逐一补齐。“你给人家一杯水，自己必须有一桶水”，陶贤林不断给自己“充电”，硬是用6年时间先后拿下省委党校和中央党校的本科文凭。多少个夜晚，他躲在小小的书房里，博览群书查资料，遨游网络找素材，再连线自己从事劳务输出工作的点点滴滴，一个个精彩的故事、一件件鲜活的案例、一段段富有哲理的感悟，从他的笔尖和键盘中汩汩流出。很快，一本专为新型职业农民编写的道德素养教材脱稿了。在本县培训班试讲时一炮打响，进而市农委安排他在全市巡回宣讲，受欢迎程度连他自己都没想到。消息传到省里，省农委又请他给各地市农业广播学校的校长们讲，并聘请他为省讲师团成员。

为进一步加强对新型职业农民的培训，提高农民素质，推进惠农政策落实，促进农民创业、农业发展、农民增收，2016年，省农委组织省农科院、安徽大学、安徽农业大学等一批专家修订编撰了一套新型职业农民培训教材，而陶贤林近6万字的《现代农民素质》作为全省县级单位唯一成果跻身其中。这本书重点分析了当前农民素养方面存在的问题，从素质、道德、心态、做人、处人、情商、“六心”、守德等8个方面阐述了当代农民自身素养的现状，道德的内涵，如何培养良好的心态、做人处人、提高情商，以及如何更好地创业和生活。陶贤林在导语中写道，改革开放以来，很多农民关心的是用什么手段与方法能挣到钱，而忽视了德行修养。他们认为道德和利益没什么关系，甚至觉得讲道德和良心就挣不到钱。其实不然，道德素养的高低往往决定着利益得失，好的品德会给人带来更多的利益。建设社会主义新农村，打造和谐社会，其核心就是全面提升农民道德素养，培育有文化、懂技术、会经营、讲道德的新型农民。

“‘人’字是由一撇一捺构成的，我们只有不断提升道德素质，增强理性，去支撑住本性，那才是‘人’。反之，如果我们的道德素养越来越差，那只有任本性（一撇）压垮理性（一捺），那就不是‘人’了。”这是陶贤林对人性的诠释。他在《现代农民素质》一书的后记里特地送给农民朋友一副自撰的对联，上联：面子是别人给的，要向别人说声谢谢；下联：威信靠自己树的，要对自己说声努力；横批：和谐发展。

通过身边人身边事引导和教化农民朋友“见贤思齐”，是陶贤林编写的培训教材和培训课的最大亮点，也是他拥有众多“粉丝”的宝典秘籍。老陶是讲故事的高手，讲的又是农民朋友所熟悉的人和事，进而以事喻理，以文（道）化人，既有高度又有温度，始终叩击读者（听众）的心灵。尤其是大大小小的培训会，陶贤林只要往台上一站，用目光那么一扫，再喧闹的现场也立马安静下来。整个培训演讲的全过程更是妙语连珠、高潮迭起，没有人玩手机、没有人窃窃私语，更没有人中途“抽签”。

在与陶贤林面对面交流中，我们直接领略了他的好口才。老陶坦言，讲课是一门综合性艺术，不仅要有足够的学养和知识面，懂一点社会心理学，还要把你的听众给琢磨透了，比如他们的年龄结构、教育背景、职业经历、兴趣爱好等，只有这样才能找准“兴奋点”，牢牢地抓住听众。有一次应邀为安徽工业大学学生讲课，陶贤林精心设计了以下这么一段开场白：“同学们，你们从走进大学校门起，肯定觉得自己就是人才了。可我说，你们不是人才（全场愕然），但属于可造之材，只有像钢坯一样经过千锤百炼，才能成为堪当大任的真正的人才！”这段话生动形象，逻辑严密，富有哲理，激起满堂掌声。

这些年来，陶贤林的宣讲对象主要是两大群体，一是新型职业农民，二是青年学生。特别是近两年，随着劳动力资源紧俏，帮助开发区企业招工及组织系统培训又成为老陶新的工作重点。2009年起，他每年都要到池州学院举办讲座，为区内企业“招兵买马”；他远赴四川，将阿坝州的100多名藏族和羌族学生招到芜湖县；为了满足青年员工继续升学的愿望，2013年，他争取到安徽商贸职业技术学院的支持，将相关补习班直接办到区内企业，让青年员工工作深造两不误……

从早年间为输出的农村富余劳动力讲课，到后来为新芜经济开发区企业新招工人员做岗前培训和干部轮训，再到应邀为省内外高校的大学生传授就业和创业门路，陶贤林名气越来越大，“出镜”频率越来越高，占用的业余时间也越来越多。陶贤林将“不要让那些对我寄予希望的人失望，我努力，我无悔”作为座右铭，并为自己定下一条规矩：“我代表政府与相关单位进行产学研（政企校）合作，宣讲培训属于我的职务行为，额外报酬分文不取。再者说，我身为开发区人社局局长，区内所有企业都是我们的服务对象，一旦收了企业的钱，很多事情就说不清了。”这些年，老陶主持各类培训活动至少有三四百场，拒收的“讲课费”往少里说也有十几万元。爱人说他“傻帽”，他“循循善诱”地言道：“一个人的人生价值，并不在于有多高的职务和多好的物质条件。你看我们这个家啊，有吃有穿，生活无忧；我帮助那么多人找到了工作，实现了人生梦想；我有那么多朋友，走在路上处处受到尊重。金杯银杯不如老百姓口碑，知足了吧！”

马小平

（原载《春晖》2019年第2期）

晚霞如火照青山

——南陵县三里镇关工委执行主任顾照炎印象

2022年7月9日，顾照炎在社区留守儿童之家指导青少年暑期“三结合”活动　涂志勤　摄

“顾照炎这样的关工委执行主任真值得好好宣传。每一个基层关工委主任都能像他那样，全县关心下一代工作肯定能上一个大大的台阶！”——以上是南陵县关工委多次邀约我们采访顾老的“推介词”。2021年9月17日，我们报道组一行驱车驶过绵延起伏的皖南丘陵，进入青山绿水环抱的三里镇。

六个“第一”：顾照炎和全镇“五老”同志的汗水结晶

县关工委主任胡锡涛因一个重要会议与我们的采访活动“撞车”，特地于前一天晚上给副主任杨义文发了一条短信，作为他的“书面发言”。短信列举了三里镇创下的全县关工系统六个“第一”：第一个实现基层“五好”

关工委全覆盖，第一个开展“五老”争创先进个人并进行表彰奖励，第一个创设全镇关心下一代工作会议年会制度，第一个把关心下一代工作写进镇党代会工作报告，第一个将关工委工作纳入绩效考核并以镇关工委为实施主体，第一个开展全镇青少年基本情况调查。就凭着这六个“第一”，三里镇关工委各项工作稳居全县乃至全市关工系统第一方阵。而作为镇关工委执行主任的顾照炎也收获了省、市关心下一代工作先进个人等一系列荣誉，并被指定在纪念芜湖市关工委成立30周年暨全市关心下一代工作先进表彰大会上作交流发言。面对这沉甸甸的荣誉，顾照炎始终保持着谦虚、低调的姿态，他指着在座的镇党委组织委员、关工委主任李明锋和各村关工委执行主任们说：“没有党委政府的支持，没有‘五老’同志们心往一处想、劲往一处使，即使我个人浑身是铁，也打不了几根钉啊！”而叶国根、鲁根生等几位村（社区）关工委负责人却异口同声地说：“我们是在顾老的奉献精神和人格魅力感召下参加关工‘五老’队伍的，跟着他干，我们再苦再累心甘情愿。”不久前顾老突发脑梗，经及时救治化险为夷，家人竭力劝说他就此“告老还乡”。叶国根调侃道：“三里镇关工委可不能没有你顾主任，再者说，我还比你大两岁，要退也得我们一道退啊！”

其实，顾照炎何尝舍得下这帮老伙计、舍得下那些需要关爱的留守儿童、困境学子啊?！从2007年挑起镇关工委这副担子以来，一晃已然15个年头了。

悠悠十五载，他将热情、激情和担当融入关爱事业

顾照炎1947年出生，1971年参加工作，经过最基层的村团支部书记、会计、村长、书记岗位历练，1990年任三里镇副镇长，直到2007年退休。

鉴于他具有政治、人脉、经验、威望等诸方面的优势，镇领导找顾照炎谈话，希望由他出任镇关工委主任，并将“丑话”撂在前头：以奉献为主，镇里可以给一点通信、交通补贴。几乎就在同时，先后有两家企业主登门诚邀，开出的价码高于政府“补贴”十倍以上。顾照炎不假思索地作出令许多人难以理解的选择——去关工委上班。他认为：“私企老板高薪雇佣你，是

为了从你身上得到更高的回报；而关心下一代工作事关国家的未来和希望，是为党和政府分忧解难。我是一名共产党员，这样的‘答卷’根本就不需要思考的。再说，我每月有三四千元退休金，生活用度已绰绰有余，钱多钱少真的无所谓。”

把金钱看得“无所谓”，可他却对新岗位工作不仅“有所谓”，而且很执着。新“官”上任伊始，顾照炎就对镇党委负责同志说：“关工委是帮党委、政府做工作，必须要有人、有钱（办公和活动经费）、有场地办公。只要党政领导支持，跑腿的事交给我。”

三里镇是个丘陵山区镇，镇域面积172平方公里，辖16个村、1个社区，人口4.7万人。顾照炎不辱使命，将“三把火”烧得轰轰烈烈。

一是以“双创”（组织创“五好”、个人创先进）活动为抓手，不断强化组织建设和队伍建设。制订年度创建计划，明确目标，落实责任。每年根据创建计划安排，持续不断地推进。经过多年努力，全镇建有关工委组织20个，其中镇级1个，村、社区级17个，民企2个。村民小组、居民小区关工小组336个，各级各类关工委领导班子和“五老”骨干、积极分子、志愿者三支队伍共计872人。2017年，三里镇率先实现了“五好”关工委创建全覆盖。到2019年底，共有10个村、社区关工委获市级“五好”基层关工委荣誉称号，占村（社区）关工委总数的6成。2019年11月、12月，镇关工委先后被县、市关工委授予“五好”关工委。

为激励“五老”争当先进，镇关工委每两年开展一次“五老”先进个人评选表彰活动。获评的先进个人除发给荣誉证书，还发放奖金500元，并将其先进事迹大张旗鼓地予以宣传，极大地调动了“五老”的积极性。他们肩负使命担当，奔走在校园内外、活跃在社区乡村，深入到千家万户，弘扬革命传统、倡导文明风尚、指导家庭教育、帮扶困难群体……赢得了社会的尊敬和爱戴。

二是深耕“五教五助”，推进守正创新。镇域内有新四军土塘军部陈列馆、父子岭革命烈士纪念园爱国主义教育和革命传统教育基地2处，“留守儿童托管之家”“儿童爱心服务站”“儿童之家”等课外活动场所23处。两级关工委依托上述平台，因地制宜开展社会主义核心价值观、传承红色基因、安全法制等教育；围绕精准扶贫，加大助学力度。近三年来，关工委想方设法募集资金30多万元，资助困境青少年370多人次。峨岭村初三学生李某，父母有智力障碍，考取高中后，李某因家境贫寒交不起学费面临辍学。在村“两委”的重视和支持下，村关工委为他举办捐资助学活动，募集到善款8100元，保障他得以继续上学。今年高考，李某被西南大学录取。2020年疫情期间，有个在家上网课的初中生为“解闷”，在班级微信群里发了一条团购复习资料的虚假信息，一些家长信以为真便交了费。此事闹到班主任那里并报了警，该同学面临被带到派出所协助调查的“厄运”。顾照炎闻讯，心急火燎地找到办案民警：“孩子尚未成年，并无犯罪的主观故意，涉案金额也不大，如果贸然‘带走’，势必会给该同学人生造成严重的负面影响。请相信，镇关工委一定能将此事处理好！”在顾老和学校、家长的共同教诲引导下，“迷途的羔羊”重新轻装上阵。

三是对留守流动儿童关爱备至。镇关工委针对全镇147名留守流动儿童，安排了151名“五老”进行全方位的结对帮扶。山泉村有一徐姓孤儿，母亲离家出走，父亲亡故，与80多岁的祖父母苦度光阴。村关工委执行主任鲁根生与小徐结成帮扶对子，联手三里中心初中、弋江爱心团队及一些爱心人士，先后为他募集1.2万多元善款及衣物等，使孤儿和同龄孩子一样健康成长。2018年，小徐被评选为“南陵好人”。每年暑期的青少年防溺水工作中，留守儿童群体都被列为重中之重，要求结对帮扶的“五老”逐个登门，将防溺水宣传单发到中小学生手中，并与监护人保持无缝对接。同时，各村关工委还在辖区水域树立或更新警示牌，并在高危水域边置放救生竹篙，以备应急之需；防溺水巡逻队的班次安排、路线和参加巡逻人员和出勤情况都有详细记录。

为中心工作助力 为全局工作添彩

党委、政府有所呼，关工委必有所应。

2020年初，疫情突然袭来。镇关工委响应党委、政府号召，迅即组织动员360余名“五老”志愿者，助力镇、村（社区）抗疫工作，转型为“四大员”，即疫情防控宣传员、村口卡点检查员、居家儿童守护员、街村道路巡逻员。同年12月10日，三里街道社区关工委副主任叶国根代表三里镇关工委出席全市关工系统助力抗疫“五老”先锋表彰大会，并在会上作了《抗疫尽责、力守家园》的交流发言。以顾照炎为执行主任的三里镇关工委助力抗疫工作，受到市委负责人和与会同志的肯定。2020年夏的防汛抗洪斗争中，全镇先后有1000多名“五老”志愿者直接或间接参与助力，在风口浪尖彰显关工风采。

主动为党委、政府分忧解难。上届村“两委”换届期间，镇党委书记先后接到2封群众来信，反映某候选人的“问题”。书记将此事商请“选举观察员”顾照炎协办。接受任务后，顾老专程到村里走访调查，澄清了事实真相，给了写信人一个满意的答复，保证了换届选举顺利进行。这些年来，顾照炎和“五老”们还多次协助镇、村，解决山林、土地确权、邻里纠纷、推进殡葬改革等“疑难杂症”问题。“围绕中心，服务大局”的主动作为，赢得镇党委、政府的高度信任，更赢得了历届党政领导对关心下一代工作的鼎力支持，成就了三里镇关工委的六个“第一”。

市关工委“关工走基层”报道组

（原载《春晖》2021年第5期）

让夕阳余晖为关心下一代事业添彩

——全省关工系统“十佳”先进个人林型根印象

林型根（左）和关工“五老”志愿者一起察看辖区河湖沟渠的防溺水设施　林型根　供图

获悉湾沚镇关工委执行主任林型根荣膺2020年度全省关工系统“十佳”先进个人的消息，我们当即萌生了采访的念头，而老林一直以“我做的都是自己的分内事”婉言拒绝。最后经湾沚区关工委协调，我们于12月15日冒着今冬第一场雪后的严寒，在镇关工委办公室与这位务实、低调的关工委执行主任聊了起来。

湾沚镇是湾沚区政府所在地，由原湾沚、赵桥、新丰、三元四个乡镇合并而成。经过几轮区划调整，现辖9个村和10个社区，常住人口11.83万人，60周岁以上的人口1.95万人，其中从事关心下一代工作的“五老”骨干1955人，占比约10%。几年来，在镇党委、政府的重视、关心和支持下，全镇各级关工委和广大“五老”不忘初心使命，弘扬奉献精神，为助力全镇经济社会发展发挥了较好的作用。镇关工委连续5年蝉联县（区）关工系统综合考核第一，获评市、县（区）首批镇街“五好”关工委，被市关工委授予市级先进集体；林型根本人也多次获评镇优秀党员、优秀党务工作者、市关工系统宣传工作先进个人、市级道德模范等，并荣膺2020年度全省关工系统“十佳”先进个人，成为全市8万多名“五老”的一面旗帜。

退休不褪色　跻身关工从头越

自参加工作以来，林型根一直在基层摸爬滚打，曾担任过多年镇人大副主席，直到2014年在调研员岗位上退休，不少镇、村干部都习惯称呼他“林大人”。数十年劳碌，“林大人”本来可以安享一把美好的休闲时光，可组织上已经为他设计好了晚年生活蓝图——请他将镇里的涉老工作（关工委、老教委、老龄委、老干部支部）一揽子承担起来。党组织的召唤和期待，让林型根对“二次上岗”颇为踌躇。他深知，同样的事情，由在职干部推行和由退休老同志来做，后者所遇到的困难、付出的时间和精力都要大得多。“可我是共产党员，既然组织上选中了我，关键时刻怎么能掉链子呢？”经过反复思考，林型根对党委负责同志表态：“让我先干一阵子试试吧。”

虽说是“试试”，可是以“林大人”的个性，开弓怎么可能有回头箭？有道是“新官上任三把火”，这第一把火怎么烧却很有讲究。经过反复调研，林型根将关工委的组织架构和工作机制建设作为当务之急。在党委的大力支持下，镇、村（社区）两级关工委很快得到充实和健全，镇级由党委组织委员分管并担任关工委主任，村（社区）都是党组织书记兼关工委主任，并配齐执行主任。几年来，镇党委先后转发了上级党委关于进一步加强关工委工作的意见，出台了创建“五好”关工委活动方案，加强“党建带关键”进一步推进基层基础建设等多个规范性文件和相关会议纪要等，为关心下一代工作的开展提供了政策遵循。与此同时，建立考核制度。从2016年开始，村和社区关工委工作全部实现“四个纳入”（纳入党政工作日程、纳入经济社会发展规划、纳入党建目标考核、纳入精神文明建设总体规划）和“四个到位”（关工委人员到位、办公场所设施到位、工作制度到位、经费保障落实到位）。镇关工委工作经费列入财政预算，根据需要工作用车由政府平台统一调配。村（社区）关工委执行主任与驻会“五老”交通、通信补助标准处于全区上限水平。

多部门联手　系列活动增强关工影响力

关心下一代工作需要通过一系列关爱活动来体现，从某种意义上说，活动既是载体和抓手，也是影响力。林型根和镇关工委一班人主动联合镇教育、工青妇等部门和村、社区、学校关工委，利用每年的寒暑假、重大节庆日、纪念日等，组织学生开展诗词、成语等学习比赛活动；举办“书画进校园”、传承红色经典、道德法治讲座；开展亲子阅读、讲革命故事、老少同乐文艺演出、大学生支教等。三年来，开展各种教育活动90余场次，参与者逾6000人次。

青少年防溺水是关工委的一项重点工作。湾沚镇东临水阳江，西连青弋江，内有东湖、南湖、罗福湖和北潮湖，人称“两江夹四湖”，境内塘坝众多，沟渠密布，是典型的江南水乡。每年夏天，青少年游泳嬉水较为常见，防溺水工作任务重，压力大。林型根将此视为阶段性中心工作，主动为党委、政府分忧解难。镇关工委联合教育、工青妇等部分印发张贴《致全镇中小学生家长一封公开信》，配合村、社区书写大幅标语，栽插防溺水警示牌，签订危险水域看护责任书，组织“五老”开展家访等，在全镇营造了浓厚的防溺水工作氛围，连续多年保持了溺水事故“零纪录”。

关心关爱　点点滴滴总是情

湾沚镇有留守儿童64人，弱势群体孩子65人。这些困境家庭孩子的生活和学业，时时牵动着“林大人”和镇、村（社区）两级关工委及“五老”们的心。

永红村叶某和姐姐都是在读学生。其父先后患直肠癌、胰腺炎、肾结石等多种疾病，治疗周期长，为了治病，家里已举债十几万元。为了陪护父亲，本来可以打零工贴补家用的母亲不能再继续打工，家中全部经济来源只能靠微薄的低保。特困生彭某出身单亲家庭，父母离异多年。离婚后父亲“人间蒸发”，母女俩相依为命。母亲没什么文化和技能，只能就近打打零工，无稳定收入。镇关工委得知以上情况后，通过全市关工系统“双百双扶”关爱工程渠道，为叶某及其姐姐、彭某争取到连续三年每人每年6200元至7200元的资助。镇关工委还通过县政协“五老”关爱工程，每年为每人提供600元的资助，连续6年不变。与此同时，林型根还想方设法帮助他们的母亲谋得一份工作，每年有12000—13000元的收入，使困境家庭的“造血”功能有了初步改善。

战疫抗洪　风口浪尖彰显“五老”本色

2020年初，一场突如其来的疫情，打破了原本平静的生活。疫情暴发后的大年初二，镇关工委通过电话、微信群、手机短信等方式，向镇机关70余名退休老同志和村、社区关工委负责人及“五老”网吧义务监督员发出倡议，要求他们积极响应镇党委、政府的号召，助力做好疫情防控工作。广大“五老”纷纷响应，以自己的正确言行影响和带动家人、亲友和邻里，最大程度降低疫情传播感染风险。不少“五老”志愿者还积极参与镇、村、社区的疫情筛查监测工作。期间，林型根女婿的外婆去世，女婿全家准备赴外地奔丧。为减少乘车、聚集带来的风险，老林极力说服女婿一人前往，返回后按规定隔离两周。当时正在滁州陪老母亲过年的镇关工委办公室主任陶晓云接到通知后，放弃难得的合家团聚，立即踏上归途，第二天就投入到疫情防控工作中。桃园村关工委执行主任张朝秀每天早晚都要向村里的中小学生喊话，要求孩子们居家隔离，按时收看“空中课堂”，莫荒废了学业。津元村关工委夏学来、焦孝茂，疫情防控期间在离家很远的鲁村小区连续值班40余天，毫无怨言。镇关工委还发动机关、村（社区）“五老”、部分非公企业爱心人士捐款计5.4万元，用于支援武汉人民抗疫。

2020年汛期，全镇降雨量和江河水位仅次于1954年，防汛抗洪形势十分严峻。镇党委、政府动员令一经发出，林型根要求镇、村（社区）两级关工委和“五老”志愿者响应党委、政府号召，服从村、社区安排，助力防汛抗洪，积极投入到隐患排查、除险加固、应急抢险工作中去……哪里有险情，哪里就有“五老”志愿者的身影。老水利工作者、镇关工委副主任张玉宝闻“汛”而动，第一时间赶到立新圩，凭着多年积攒的经验，提出“在圩堤出险高发地段栽插不同颜色的标旗、踩篓加固堵塞管涌、7000米子埂上加盖彩条布”等建议，均被采纳并付诸实施。桃园村关工委执行主任张朝秀曾生过一场大病，至今尚未完全康复。在防汛一线，他将药品随身带，连续奋战20余天。津元村关工委焦孝茂不仅积极参加防汛抗洪，还为困境学生捐款2000元。

不仅如此，林型根还着力引导“五老”发挥政治优势、经验优势和人脉资源优势，积极参与基层治理。2019年，某老旧小区因总水表与分水表水费分摊不均导致数次停水，直接影响业主生活。关键时刻，居住在该小区的镇关工委领导和“五老”挺身而出，一边做住户的工作，一边向有关部门反映，经过长达7个月的协调，最终敲定了分户改水方案。为筹措住户应交的改水资金，几位老干部挨家挨户做工作，促使5万余元工程款归集到位，改水工程如期竣工并投入使用。与此同时，广大“五老”志愿者在土地房屋征收、文明创建、美好乡村建设、水利兴修、秸秆禁烧和民事纠纷调解等方面主动作为，不当旁观者，最大限度发挥了余热，深得党委、政府和老百姓的肯定和认可。

市关工委“关工走基层”报道组

（原载《春晖》2021年第1期）

读懂中国

——芜湖市中小学生庆祝中国共产党成立100周年征文选

为庆祝中国共产党成立100周年，芜湖市教育局、芜湖市关工委在全市中小学组织开展了“读懂中国”征文活动，青少年学生通过学党史、新中国史、改革开放史、社会主义发展史，近距离体验和感悟身边共产党员身上的特殊魅力，表示要坚守理想信念之基、把稳思想之舵、补足精神之钙。从小听党话、跟党走，自觉把个人理想融入国家和民族伟大梦想之中，奋力走好新时代的长征路，努力实现人生出彩。

追寻永不老去的赤子心

中华民族是一个历史悠久的民族，拥有五千年灿烂的文明。以毛泽东为代表的中国共产党人，经过了艰苦卓绝的奋斗，成立了新中国。新中国成立七十多年来，中华儿女一路披荆斩棘，风雨兼程，取得了令世人瞩目的辉煌成就。中国人民从站起来到富起来，再到强起来，离不开各行各业人的努力奋斗，其中涌现出许多有智慧、有责任、有担当的英雄模范，他们为祖国默默地付出、奉献。

一次偶然的机会，我在电视新闻里看到身边也有一位这样的人。他叫王显才，是无为市十里墩镇关工委执行主任，已经80多岁了。像他一样退休的老人早就在家安享晚年，而他却在为贫困生到处奔波，十年募资300多万元，救助贫困学生1000余人次。他的无私深深打动了我，是什么原因让这位老人与众不同，令人感动呢？

因此我特别想见到他，想和他一起聊一聊，问问他是怎样几十年如一日，始终情系群众，惦记着群众，把群众当亲人，用心用情为群众办实事、解难事的。在我和爸爸的共同努力下，我们找到了曾与王显才爷爷共过事的张爷爷，他说："王老是一位令人敬仰的老党员，人民的好干部，真是全心全意为人民服务的典范！"

通过张爷爷的叙述，我了解到：王显才爷爷为了关心辖区孤儿与特困单亲家庭，不辞辛苦骑着电动车走街串巷，登门入户，了解情况，反复核实孩子们的家庭背景和贫困程度，风雨无阻坚持了11年之久。他就是这样用自己的辛劳与无私为孩子们点亮了希望之灯。

后来，通过张爷爷的"牵线搭桥"，我拨通了王显才爷爷的手机。在与他对话中最让我感动的是：我问他是什么力量支撑他这么多年来一直坚持为困境家庭学生解决困难。王爷爷语重心长地说:“我虽然年过80，但我是一名党员、老干部。我在入党时就已经下定决心，要用一辈子的时间来履行中国共产党人的使命和承诺：全心全意为人民服务，人民的幸福就是自己的幸福。”听到王爷爷这番话时，我才真正理解了不忘初心、牢记使命的内涵。正如王爷爷说的一样，作为一名老党员应该像石榴那样：向上不堕落，向善不作恶，向美不丢丑，即使老了也要保持生命原有的红艳。

王爷爷的精神也感染了家人，并赢得全家、亲友的理解和支持。2015年王爷爷专程去北京，找到在北京搞房地产开发的侄儿王荣清。王荣清以为伯父是来旅游的，立即安排部下去张罗，未曾想王爷爷掏出一张贫困生的名单说：“大侄子，我不是来游山玩水的，我是为救助贫困生找你‘化缘’的。”他深情地对侄儿说：“荣清呀，时代成就了你，家乡养育了你，现在你先发起来了，可不要忘本啊，你能为家乡作贡献，就是给我们老王家长脸。”王荣清被他的一番话给触动了，当场表态一次性捐款20万元，这笔钱被王爷爷全部纳入“捐资助学基金”。本来，我以为王爷爷家中经济条件一定很不错，但从这次访谈中我得知他的两个儿子都下岗了，经济很拮据，但他没有将募集的捐款截留一分钱给自家人。

王爷爷作为一名老党员，用自己的实际行动兑现了自己当初入党的诺言，保持了一位共产党人的初心：为人民谋幸福，为祖国作贡献。他永怀矢志不渝的爱民之心、报国之志和永不老去的赤子之心。正是：“春蚕到死丝方尽，蜡炬成灰泪始干。”党和政府对他的工作也给予了高度肯定，他多次获评省、市、县（市）、乡镇关心下一代工作先进工作者，并荣登“中国好人”榜。

习近平总书记曾说过，青年兴则国家兴，青年强则国家强。我们不仅是追梦人，也是圆梦人，我们青少年也要学习像王显才爷爷这样的新时代模范先锋，努力学好知识本领，增强思想品德修为，成为新时代的建设者与接班人，为实现中华民族伟大复兴中国梦贡献出自己的一份力量！

无为实验中学六（1）班　曹默远

红色基因　历久弥新

一位剧作家说："我经常恍惚，我的脚下埋藏着曾经鲜活的生命，我就踩在他们的身体上，我们的幸福和我们的生命来自他们勇敢的牺牲。"一寸山河一寸血，一抔热土一缕魂，伟大的中国共产党人，用寸寸鲜血换来我们片片山河，换来了供我们踩在脚下的寸寸热土，用热血和生命铸就了我们今天的幸福生活。所以，在这个伟大的变革时代，与你我相联系的红色基因，是我们情感的依托、精神的归宿和前行的动力。

今年是中国共产党成立100周年。在这100年里，有多少革命战士为了新中国的成立而牺牲，留下许多感人肺腑的故事……在我们的身边，一直都有朴实而执着的老党员们，不管时代如何变化，他们始终坚持自己的党性，始终保持自身的政治本色。

几年前，我的家乡出现暴雨，连续强降雨使湾沚镇汪溪河水位暴涨，濮阳圩出现险情。共产党员王能珍不顾家人劝阻，火速从宁波回乡参加抗洪抢险。凭着多年的防汛经验和年轻时在海军部队服役练就的好水性，王能珍与抢险队员日夜在圩上巡堤查险，他先后二十多次潜入水下，用装满泥土的编织袋封堵管涌，排除险情。有一次巡堤中，细心的王能珍发现一处斗门漏水。"这里比较危险，处理不好更危险，我水性好，还是我下水摸探一下！"话音刚落，王能珍便奋不顾身跳入水中，一次，两次，再次……终因体力不支，王能珍被湍急的水底漩涡吞没。村民们的哭喊声被淹没在倾盆大雨和隆隆的雷声之中，但是王能珍再也没有回应。

在一场火灾中，浓烟埋没了整栋楼房，温度高达一千多度，面对这种情况，很多人都不敢靠近，在旁议论观望，只有一个人挺身而出——王峰，他没有退缩，没有犹豫，没有畏惧，在发现火情之后义无反顾地三次冲进火场救人，当他第三次从浓烟滚滚的火海中出来时，王峰已快被烧成“炭人”，浑身都是黑的，神志已不清醒，脚底被烧伤血流不止，在路面上留下了血染的脚印。他用生命助人从火海逃生，二十多户邻居无一伤亡。路面上血红的脚印，刻下了他的无私，烙下了他的无畏，体现了其高贵的灵魂浴火涅槃，他是火海救人英雄。这些无畏的英雄和他们的精神品格，正如数十年前一场场的红色革命般汹涌，无论十年、百年，这些红色精神依然在我们心中永驻，在我们血液中流淌。

每个人都有父母给予的不同基因，而红色基因是中国共产党给予我们每个中国人共同的、永不消失、永不变异的基因。这个时代的我们，在向前奔跑的过程中会面临数不尽的机遇和挑战，我们更应该珍惜中国共产党留给我们的这无比丰厚的精神财富，用红色的激情去拥抱时代、拥抱事业、拥抱人生，让红色的基因传承万代千秋。未来有无数种可能，只要我们传承红色基因，争做新时代人，那么中国的未来必定更美好！

芜湖县一中高一（26）班　宗琴

水韵村有这样一位党员村医

千帆过尽，不坠青云。中国共产党100年辉煌历程的背后，是千百万不忘初心、坚守岗位的共产党员，他们像一颗颗星星，用自己微弱的光点燃了中国的天空。

奚之平是芜湖市湾沚区陶辛镇的一名农村党员、普通村医。2002年从部队退伍之后，怀着炽热的医者仁心投身于家乡的医疗事业，2011年成为一名共产党员。他像一粒种子扎根于小小卫生室，做着全村三千多人的健康守护神。

“所谓初心，就是在所有的愿望、誓言和梦想中，离自己心最近的那颗心。”这是董卿在《朗读者》中对初心的诠释。我想当奚之平毅然放弃在部队和城市发展的机遇，毫不犹豫地选择将青春奉献给家乡的医疗事业时，在2003年跟随父亲战斗在“非典”防控一线时，在面对来势凶猛的新冠病毒时，或许心中已有了答案。“作为村医就要像钉子一样扎在这里，把每一个防御环节做到位，牢牢守护农村医疗这块阵地，为水韵村三千多村民当好健康的守护人。”这一段朴实的话语，让人深刻地感受到奚之平的初心。不忘初心，坚守本色，他是这样想的，也是这么做的。

初心如磐，使命在肩。水韵村老老少少共有三千多口，这些村民的日常就医就靠奚之平一人支撑。他就像萤火虫一般，在乡村中坚守岗位，履行职责，用自己的光亮照亮每一位村民。“今天有没有哪个地方不舒服？”“在家注意休息。”“有什么事一定要打电话给我。”这些问候语早已成为奚之平的口头禅。疫情暴发时，村里对十多户从武汉回来的村民进行隔离观察，奚之平早晚都要上门进行一次体温检测。有人问他：“你就不怕被感染吗？”他云淡风轻地笑了笑，说：“这是我的本职工作啊，我不上谁上?!”有一个叫董某的村民，患有高血压病，奚之平经常送医送药，她不好意思地说：“奚医生都快成为我的家庭医生了。”

医者仁心，使命担当。疫情期间，奚之平一直吃住在村卫生室，卫生室成了他的第二个家。为了更好地服务村民，他的手机24小时不关机，确保随叫随到。村里的空巢老人较多，奚之平每隔几天就抽空为这些老人检查身体，还坚持在朋友圈内发布科学防疫知识，动员大家齐心协力打赢疫情攻坚战。这份责任担当与坚守，使他先后获评省、市优秀退伍军人和芜湖县（现为湾沚区）道德模范，并入围“安徽省最美村医”。

没有慷慨激昂的誓词，没有豪言壮语的承诺，只是在平凡的岗位上默默奉献着。奚之平用行动坚守着革命传统，传承着红色基因，践行了他全心全意为人民服务的初心。

湾沚区横岗小学咸定教学点五年级　徐思思

心中永远的一抹红色

爷爷说，他十几岁的时候就入了共青团。20世纪60年代，凡是思想进步的少年都想入团，追随中国共产党的领导。彼时意气风发少年郎攥紧拳头暗暗起誓——将来一定要当一名忠于祖国、忠于人民的共产党员！

迎风招展的一抹红，成了少年郎眼中最鲜艳的一抹红，成了他心中永远的一抹红。

桃李不言　下自成蹊

1971年，我的爷爷21岁，成为黑沙洲小学的一位数学教师。

那时一所小学六七百人，仅有几名公办老师。教师不够，便在乡里挑选一些学历高些又有些口才、能教导孩子们的青年人“代课”。

爷爷念到高二，“文化大革命”开始了。他所在的六洲中学停课，便走上20里路，再渡江回到了黑沙洲，像千百年来我们祖辈做得那般，卸笔归田，耕耘树艺。爷爷在村子里算是个文化青年，加上早先在大家推举下成为团委书记，黑沙洲小学的校长最先来到我家，请爷爷去当代课教师。爷爷毫不犹豫地应下了。这一教，便是满满当当39年，直到退休。

当时的民办教师一个月工资仅有几块钱，还不及一个整劳力挣得多，但爷爷乐在其中，清晨走着窄窄的泥巴小路去学校上课，傍晚回来帮着家里人种地，晚上众人都歇息了，还在煤油灯暗淡的光下写备课笔记。

1983年长江决堤，大水漫过黑沙洲，爷爷跟着大队一起迁到了幸福洲村，开始新的生活。等爷爷一砖一瓦将新房子建好了，他又背着几件旧衣服和一床破床褥徒步走上了五六十里路，到无为县城的师范学校进修。三年之后他成了一名真正的公办教师，回到幸福洲小学继续教书育人。

一届又一届学生从小村子里来到这个拥有两层楼的小学，又在爷爷的注视下前往远方；白头发先只是一根一根地冒出，然后连成一片，于是满头乌发变成白茫茫的；爷爷也从一名数学老师到班主任，再成为板桥小学的校长。我问爷爷是否记得教过多少学生，爷爷想了想，笑了笑，眼角细密的皱纹堆成一片："虽然不记得有多少个了，但他们到我面前来，我还是能叫出每个人名字的。"

我想，这便是一位老教师毕生的责任吧。桃李不言，下自成蹊，一个个名字既是一个个鲜活的生命，也是爷爷放飞的一盏盏明灯。他们中有的人去了大城市当建筑师，当公务员，也有的回到了家乡，和爷爷一样当一名普普通通的乡村教师。但不论成就高低，他们在爷爷心中都是同样重要、同样可爱的孩子。

王道树伯伯是爷爷从业后带的第一届学生，如今在国家税务总局担任总经济师。前年王伯伯回乡给父母迁屋，特意登门拜访了爷爷。爷爷打趣说："当年你还是个挂着鼻涕的小屁孩，有时候中午还要到我家讨一口饭吃，如今是国家的栋梁。"王伯伯说他也将"老之将至"，真正的顶梁柱还是新一辈呢。那一刻，我仿佛也看到了半个世纪前飘扬在那个小小少年郎上方的一抹红，在我眼中，在我心中。

心中有党　抗洪争先

在师范学校进修的那几年，爷爷在辅导员老师的引导下进一步加深了对党的了解。毕业后的1986年，一同申请入党的十几位教师中只有爷爷被批准入了党。爷爷说，那时心里除了高兴，也是有点小骄傲的，总是壮年时便圆了少年梦。此后，爷爷不仅勤勤恳恳教书，更是时刻不忘践行初心使命。

江边小村落最易受到洪水的侵扰，1992年、1995年、1996年和1998年的大洪水，爷爷响应党组织的号召，一马当先参与抗洪救险，夜以继日地在江堤上巡逻。暴雨猛下，江水破了堤，在缺口处掀起几尺高的大浪，雨点像石头一样砸进江里，看着就令人心惊胆战。参加抗洪的解放军先下去堵住口子，人手不够，爷爷咬咬牙，挽起裤腿就下了江，跟解放军及一同下水的青壮年，硬是用装满泥巴的编织袋将缺口堵住了。

2020年，到了学生放暑假的时候，一场又一场的暴雨下个不停。七月中旬，江水离大堤最低的地方仅有三四尺。大卡车一车一车运着解放军来到这江边的小村子，将江堤垒上五层沙袋。村里挨家挨户通知让人搬走，有亲戚在城里的就投奔亲戚，没处投奔的就安顿在镇上中学搭建的临时居住区。爷爷已经年满七十了，虽说身子骨还算硬朗，但毕竟已是古稀老人，全家一致决定将他接到城里。堂妹被近在眼前的江水吓得哭出声来，拽着爷爷的手非要让爷爷走不可。爸爸前来劝爷爷："照这个情况下去，第二洪峰这两天就要下来了。您年纪大了，还是别留下来冒这个风险了。"

爷爷笑了笑，给堂妹擤了擤鼻涕，让我们将奶奶先接走，他留下来再看看情况。他挺直了腰板道："哪有党员先撤退的道理！"

一家人拗不过爷爷一个人，最终还是让爷爷留在村子里了。7月17日夜里，三峡开闸泄洪，第二洪峰到了。彼时爷爷刚浅浅进入睡眠，大门便被人拍得砰砰响："钱老师！第二洪峰来了！"爷爷便立刻起身，将外套一披，穿上胶鞋就往大堤上跑。

江堤上临时牵起的灯泡在风雨里飘摇着，柴油发电机的"突突"声响彻四野。昏黄的灯光照在来往的解放军战士的脸上，有的在加垒沙袋，有的在移动抢险器具，满头满脸不知是汗水还是雨水，个个神情都无比严肃。

四队破了圩，正是大堤上地势最低的那一处，五米长的缺口正哗哗往下淌着浑浊的江水。这一处江堤较薄，铲运机等大型机械不敢开过来，万一将缺口压得越裂越大，补救工作就会变得异常困难。

军人们在这最为紧张的时刻依然保持整齐的秩序，首长一声令下，高喊一句："为了党和人民！"毅然决然携手跨进湍急的江水里。他们要用生命筑成一道血肉大坝，让后面的人好堆上沙袋，堵住缺口。

这声响亮的口号——为了党和人民——烙在爷爷脑海里。随后，爷爷跟着大堤上的青壮年一起脱下雨靴，挽起裤腿，义无反顾地迈进洪水之中。爷爷事后说，时隔二十来年，这江水还是那样冰冷刺骨。

一夜过后，缺口终于被堵上了。天光破晓，云开日出。洪水这只凶猛的野兽仿佛精疲力尽，败在众志成城的战士麾下。爷爷一行人坐在江堤上，气喘吁吁。他们浑身都是泥沙，脸上、身上还有被江水里的杂物划出的一道道伤痕，可没有一个人叫累喊疼。

八月份，洪水渐渐退了。我回家看爷爷，不明白当时爷爷怎会有那么大的勇气下江去，爷爷望着大堤外缓缓流淌的江水，若有所思地说：“当时什么也来不及想。我是一个党员，对人民、对国家，永远不会说一个‘不’字、一个‘难’字。我相信，在危难时刻，每位党员都不会退缩，都会选择冲在最前面的。”我深深被这番话震撼了。这便是共产党人，这便是中国的共产党人！

无为中学高二（16）班　钱蓉

从老党员身上感悟初心使命

“哪有什么岁月静好，不过是有人在为你负重前行。我们千万不能忘记为共产党挥洒鲜血的烈士们，没有他们，就没有今天，没有共产党，就没有新中国！”

——一位老战士

2021年，是中国共产党成立一百周年。1921年7月，在浙江嘉兴南湖的一艘小船上诞生了中国共产党，这是中国历史上开天辟地的大事。为中国人民谋幸福，为中华民族谋复兴，是中国共产党人的初心和使命。

我之所以能比较深刻地体会到共产党人的责任感与使命感，是因为我爷爷丁学文就是一名共产党员，一名很普通的共产党员。很小的时候，爷爷就经常跟我说他经历过的许多平凡小事情，还给我看过他珍藏的奖章 。我们家门上还有“光荣之家”的光荣牌，虽不十分炫目，分量却有千钧。

“忆往昔，峥嵘岁月稠”。爷爷跟我讲述过他的军旅生涯，那些战火纷飞的情景，仿佛又一一浮现在我眼前。当年，一则来自军政大学的招兵布告吸引了风华正茂的爷爷，自此，一路军歌冲霄汉，开始了他在军大武工队剿匪的峥嵘岁月。随着全国解放战争的胜利推进，匪患得到有效遏制。不久，朝鲜战争爆发，爷爷所在的部队响应抗美援朝、保家卫国的号召，雄赳赳气昂昂跨过鸭绿江。上甘岭一役，战斗异常激烈，爷爷被敌军空袭的炸弹气浪推翻在地，不幸中的万幸，只是耳朵受了点轻伤。

“我入党想的就是要全心全意为人民服务、为国家做事，退休了依旧是这个使命。”爷爷脱下军装，戴上“红袖箍”，积极参加社区活动。社区一位主任说：“创建全国卫生城市时，丁老起早拿着清理垃圾的工具巡逻。在社区微信群里，看到有人说发现了小广告，待我们社工赶过去时，丁老已经把它清理完了。”作为社区关心下一代工作委员会成员和未成年人课外辅导员，爷爷经常结合自己经历，给社区孩子们讲红色故事，我也是“听众”之一。多年来，爷爷时常拿出退休金帮助有困难的人。从新闻里看到有需要帮助的人，他都会主动捐款捐物。这一次面对突发的疫情，爷爷又捐出1万元特殊党费。“他是立过功的英雄，也一直是我们的骄傲和榜样。这些年，他做了很多为党旗增辉的事，不过他不爱说，很多事大伙儿都不知道。”社区书记说道。

红色基因是忠诚，爱党爱国，矢志不渝；红色基因是忘我，无私奉献，无怨无悔。传承红色基因不是靠嘴上功夫，要靠实际行动，不忘初心，砥砺前行，从小事做起。像我爷爷一样的老战士为了革命胜利、为了希望的曙光，前仆后继、浴血奋战，付出了沉重的代价，他们无愧于党、无愧于国家和人民。他们永远是国家的骄傲，永远值得中华儿女的敬仰。

芜湖县一中高一（26）班　丁安琪

功勋如缕　融进共和国的血脉

没有共产党，就没有新中国，没有共产党，就没有社会主义在中国的建立和发展，这是中国人民历经沧桑得出的根本共识。历史的车轮滚滚向前，沧桑岁月引人深思回味。我们的身边，就有这样一群人，他们呕心沥血，默默奉献，功勋如缕，融进共和国的血脉。他们深深扎根于人民群众的土壤之中，如雨后春笋冒着勃勃的奋斗朝气，传承着红色精神，他们有一个共同的名字——中国共产党党员！

据我爷爷讲，我们村的常叔——常畅平就是一位坚定的共产党员。30多年前的农村还非常落后，村民们经常吃不饱穿不暖，而常畅平就出生于彼时。他10岁时，父母在一次意外中不幸去世，年幼而又懵懂无知的常畅平，与他年迈而又行动不便的爷爷相依为命，家里粮食不够，青黄不接时他就在乡邻的照顾下吃着“百家饭”，就这样慢慢长大。

常畅平渴望学习，渴望通过学习来改变自己贫穷的一生，而党的义务教育政策实现了常畅平的愿望。通过努力打拼，常畅平终于考上了一所大城市里的名校。对党心怀感激的他，在入学之后就向党组织递交了入党申请书，并且成为同届学生中的第一批共产党员。学业优异的他本可以在大城市里找到一份不错的工作，然后娶妻生子，在城市里扎根，拥有更多彩的人生。然而，他并没有这么做。因为从他成为一名中国共产党党员起，他在心里默默地许下一个愿望：用所学知识为人民服务，助力家乡脱贫。身边的人都劝他，在城市里找份稳定的工作，不要再回穷乡僻壤受二茬罪了，但常畅平还是义无反顾地回来了。他一头扎进黄土地，对家乡的各项传统农产品和特色产品进行了深入调研，作出了大力发展有机茶叶的选项。他动员村民们集资组建了一个专业合作社，购置了许多树苗和工具，动员村里的青壮年一起开垦荒山，在原本贫瘠而又荒芜的荒山上种下了成片充满绿意和生机的茶树，带着全村人的希望和憧憬，在不久之后，荒山变成了一片绿色的海洋。

他坚持创新理念，不断改良茶树品种；在茶叶的田间管理、采摘、炒制等全过程中，常畅平坚持严把质量关，绝不偷工减料、以次充好。不仅如此，他还运用他从学校里学来的知识，大力提升茶叶的包装质量和宣传力度，使茶庄的生意愈加兴隆。凭着这份责任心和不懈的努力，茶园获得了不错的收益。村民们的生活大大改善了，脸上洋溢着充实的笑容。常畅平却仍然保持着节俭的作风，他获得的收益，都用来补贴村里的基础设施建设以及生活困难的村民，带领大家在脱贫攻坚的路上迅速奔跑。如今仍能看到他在茶园忙里忙外的身影，汗珠从他晒得黝黑的皮肤上滚落时，眼睛里的充实和喜悦，闪烁着作为一个共产党员的光辉和伟大。

芜湖县一中高一（25）班　储涵涵

老骥勤伏枥　初心映日红

我是一名五年级学生，懂事的时候，妈妈就教育我要热爱党。“党是什么？”幼小的我心中便萌生了一个大大的问号。妈妈笑着说：“党就在身边！”上学了，老师告诉我们：“你们在党的关怀下成长。”我心里想着：“党莫非是老师？”地震发生了，解放军叔叔奋勇救援。灾区人民流着泪说：“是党救了我们。”我的想法又发生了变化：“莫非党是解放军叔叔?!”随着年龄的增长，现在我明白了，党的儿女有千千万万，党就在我们身边，他们时刻为人民服务着。

我们学校地处农村，非常偏僻。由于缺编，学校不得不聘用退休老师和代课老师，即便是这样，也很少有老师愿意来这里任教，教师队伍也不稳定。2019年9月，原来教数学的退休返聘的严老师因病回家，眼看着我们班的数学课就要“断档”了。为此，校长找到了已退休的邹日红老师，他二话没说，便毅然接受了返聘任务。其实他本可以推辞的，因为他的老伴和儿女都在城里，他一个人在这里工作多不方便啊！而且他已经65岁了，这个年龄正是和儿孙一起共享天伦之乐的时候。我们好奇地问邹老师：“您为什么会选择重新走上讲台？”他语重心长地说：“因为共产党员的初心。”可我当时并没有明白“初心”的意思。

前几天，我们在上《清贫》一课时，语文老师给我们讲述了方志敏的故事。我终于知道了“初心”的意思。“初心”即本心，指最开始的梦想。那邹老师的梦想又是什么呢？好奇的我总想一探究竟。于是有一天，我悄悄地趴在教师办公室的窗台上“偷窥”他改试卷。办公室里的邹老师和上课时的邹老师大不一样，他戴着一副黑边老花镜，伏在桌上专心致志地批改着我们的试卷，那专注的样子简直就像一个老学者在研究他的学问呢！突然，我发现他拿红笔的大手在颤抖，那一刻，我心里一震。我猛然明白了：他对教育事业的热爱让他走上了讲台，这不就是他的初心吗？想到这里，我的眼里闪烁着泪光，扪心自问：邹老师这么辛苦，我上数学课还喜欢做小动作，是多么的不该啊！

课堂上，邹老师对我们很严厉。但课下的他就像我们的爷爷一样慈祥，同学们都喜欢和他聊天。一天，一个调皮的同学问邹老师："我的爷爷背都驼了，您的背怎么这么直呢？"邹老师"调皮"地笑着说："因为我曾经是一个军人，你见过驼背的军人吗？"邹老师的这句话至今仍在我们耳边萦绕着。我们这才知道，原来邹老师不仅是一名共产党员、一个退休教师，他还是一位退伍军人呢！是啊，邹老师正直奉献的精神，不正是军旅生涯锻造出的特有的精神品质吗？

湾沚区横岗小学咸定教学点五年级　张语馨

一位乡村老党员的初心

说到中国共产党，我们首先会想起董存瑞、黄继光、邱少云等为国牺牲的英烈。其实，我们身边就有许多时时刻刻为党着想、为人民着想的党员，他们始终牢记为人民服务的宗旨，为祖国建设奉献自己的全部。

我身边就有一位共产党员，他叫丁美宏。在问及他当初申请入党的动机时，他坚定地说："我就想为大家做点力所能及的事。"

我的家乡比较贫穷，甚至出现过饥荒，刚入党的丁大爷就立志要改变这种局面，带领大家奔向小康。家乡温暖湿润的气候吸引了丁大爷的注意，他开始研究果树种植。据爷爷所说，丁大爷每晚苦读果树栽培的书籍，常常要到半夜，而且又舍不得开灯，就拿着手电筒看，第二天，丁大爷的眼里常常有很多血丝。后来他开始按照自己所研究的方法种植果树，果然获得了成功。望着满树的果实，丁大爷的心里有了底。他挨家挨户走访了村里所有人家，向他们介绍自己的研究成果，并建议他们拿出自家一部分农田种植果树。一开始，只有少数人听取了他的建议，他也不着急，只是指导农户先干起来，并手把手教他们栽种、培育。到了收获的季节，果农们将收获的果子拉到附近街市上去卖，良好的品质与口感受到人们的欢迎，果农们也增加了收入，解决了温饱问题。他们准备了一些农产品，表达对丁大爷的感谢。丁大爷连忙摆摆手说："这算啥？这是我作为一个共产党员该做的，我不是说了吗，我入党就是为了能给乡亲们做点事情。这也是我的责任。"村里其他农民"眼见为实"，纷纷在自家田地上种上果树，全村人终于吃上了饱饭。

丁大爷无私奉献，为人民服务的精神受到了人们的赞赏。他不忘初心，始终牢记为乡亲们做好事的使命，这是他身上最宝贵的品质。

家乡的雨水多，经常发生洪涝灾害，每逢汛期，他总是毫不犹豫地报名参加抗洪防险，冲在第一线。那时，他的身体已经不是很好了，每次他捂着腰回到家，家里人一再劝他别干了。他淡淡地说："没什么，就是有点累，睡一觉就好了。"由于长期的劳累，他落下了病根。家里人心疼不已，抱怨"你这样图什么?"他笑着说："我不就是想为大家做点事嘛。"

现如今，家乡已经发生了翻天覆地的变化，但丁大爷身上那种精神却没有消失。我至今仍清晰记得他与我的一次对话，那是一个晴朗的夏夜，我们坐在树下乘凉，他说："丫头啊，你一定要好好念书，学到真本事，长大好好地为人民服务。"我那时还小，有点似懂非懂。长大后，我逐渐明白了，我们要传承中国共产党为人民服务、为人民奉献的宗旨和初心。和丁大爷一样的共产党员大都是平凡的人，却做着最伟大的事。

回顾党的发展历程，从1921年的南湖红船启航，到1949年天安门城楼上的庄严宣告，从"三大改造"的完成到实行改革开放，再到全面建成小康社会，中国共产党一直坚持着全心全意为人民服务的宗旨，不断创造着伟大。我坚信，党一定能带领全国人民，为全面建成富强民主文明和谐美丽的社会主义现代化强国而奋斗到底。

湾沚区横岗小学咸定教学点五年级　黄丽竹

爷爷的情怀是首诗

久违的冬天终于来了，我盼望着，盼望着有一朵洁白无瑕的雪花落在手心，盼望着有一个个雪人在雪中站立着。但今年的冬天格外奇特，既不下雪，又不像前几年那样寒冷，暖得出奇。

年过七旬的爷爷看出了我的心思，便说："孙子，想不想听故事？"爷爷是一名老党员，同时也是一位退休老教师，为教育事业作出了无私的奉献。我一听到讲故事，就立马来劲了，爷爷一看勾起了我的兴趣，便像江水一般滔滔不绝地讲述他当年的故事。

已记不清是哪一年的冬天，白色的天空时不时洒落几朵雪花，平时的土路也铺满了一层冰，爷爷拎着鼓囊囊的手提包，撑着伞，蹒跚于积雪之中，去为班上的一名学生补缺补差。当时的乡村还没有水泥路，只有松软的土路。那时候爷爷还住在山里，所以每次出山都要走一段满是泥泞的土路，路面的黄泥巴出奇得黏，冬天还会结冰，土路的一侧就是深不见底的山谷。我问他为什么这么拼命时，他总是说："我是老师，我的学生一个也不能掉队，这是我的责任。"

爷爷翻过了一个又一个山头，经历了一个多小时的路程，终于到达了这名学生的家里，爷爷满怀自信地对他说："孩子，你不用怕，即使你现在成绩跟不上趟，也不代表你以后成绩不好，你现在肯学还不迟，只要你努力，你也可以成为大家心目中的天才！你一定可以！"爷爷的话，让这名学生的泪珠夺眶而出。从此，每逢假期，爷爷就去帮这名学生补缺补差。久而久之，爷爷的腰病竟奇迹般地好了，爷爷的眉头舒展开来，为孩子辅导的劲头更足了。

一个学期过去了，这名学生的成绩大幅度上升，各科成绩都达到了及格线，到了初三上学期，他居然已经成了班上数一数二的优秀生。一年后，他走向领奖台，嘴角微微上扬，露出了那自信的笑容，台下的爷爷也露出了欣慰的笑容。

“繁霜尽是心头血，洒向千峰秋叶丹”。我爷爷在乡村学校更注意教学经验的传承，注重教育理论和方法的传帮带。他常常夜以继日地搞教学研究，将他的执教体验撰写成一篇篇论文，并获得多项奖励。30多年来，他无数次听课、评课，给年轻人上示范课，辅导青年教师，带动了学校整体教学水平的提升。

冰心老人说：爱在左，责任在右，走在生命之路的两旁，随时撒种，随时开花，将这一径长途点缀得花香弥漫。我的爷爷是个平凡的老人，他用自己的行动诠释了什么是奉献，什么是无私的爱。

这，难道不就是一名老党员、老教师的情怀吗？这样的情怀是一首诗，一首抒情诗！

无为实验中学七（9）班　刘子轩

最难忘的红色印记

翻开中国共产党的辉煌历史篇章，我们的骄傲与自豪感油然而生。100年来，一代代人民英雄和爱国志士为我们铺就了一条通往实现中国梦的道路，以一种巨大的精神力量托起中华民族的脊梁。这种精神力量就是“红色基因”。

红色，象征着光明，象征着温暖，象征着力量，象征着未来，带给我们无数震撼。当我们站在历史的镜头前，看着一幕幕艰辛的岁月；当我们坐在宽阔的教室里，一遍又一遍地读那些关于战争年代的课文；当我们坐在火炉旁，听爷爷奶奶讲战争的故事：于是，在我儿时的记忆中，便留下了红色的印记。

罗秀全是一名党员，村里的小孩都喜欢亲切地叫他一声罗爷爷。如今罗爷爷已经退休，但他还天天乐此不疲地帮助村里人。每当罗奶奶讲起老伴的故事时，他眼中总是充满着光亮：“哎呀，这都是些小事，为人民服务嘛！我应该的。工作退休了，党员的身份不会退休，对社会的责任更不会退休！”罗爷爷常挂在嘴边最多的话就是：“我是一名党员，不仅要走在前面，更要冲在前面。”“在一个个困难面前，要永不放弃，我们放弃了，群众怎么办?!”“党员从人民中来要到人民中去，我始终想为大家再多做点什么。”我觉得，罗爷爷的平凡事迹正体现了一名优秀党员的红色基因。

最让罗奶奶常念叨的还是罗爷爷“有惊无险”的救人故事。那年12月7日，迎来了入冬的第一场雪，天寒地冻，北风刺骨。罗爷爷在思考：今年的雪来得有点突然有点早，也不知道低保户有没有准备好过冬的物资。罗爷爷和几个老伙计正商量着低保户的帮困，走至大傅宅村馆藏中心附近时，听到一个村妇急促的呼救声，“救人啊，救人啊，娃娃落水了……”罗爷爷听到呼救声丝毫没有犹豫，边脱衣服，边用最快的速度向出事地点跑去。跑到塘前，发现一名七八岁的孩子正在水里扑腾，罗爷爷踩在平时洗衣服的预制板上，伸手想要把孩子拉上岸，可孩子却离岸边越来越远。情况危急！罗爷爷来不及脱衣就跳进水里，向孩子游去。岸上的村民赶紧找来救生工具抛入水中，水中和岸上的施救者一起发力，好不容易把孩子推向岸边。村民们说："老罗，我们从来没见过你游水呀，什么情况啊？"罗爷爷挠了挠头，不好意思地说道："前不久看了一些防溺水的视频，我就照样子学了点，还没实践过，没想到今天正好用上了……"

总会有一些人在我们看不到的地方默默付出，走在前面。作为新时代的中学生，我们的梦想，也许只是十几岁的豪情壮志，也许只是青春期的憧憬与冲动，也许只是一份平淡的渴望：渴望掌声，渴望成功。而所有这一切，都需要奋斗！需要红色基因的传承！

芜湖县一中高一（26）班　张婧婧

学党员故事　育家国情怀

“没有共产党，就没有新中国……”历史的风，翻开了100年前的那一页。那一年，伟大的中国共产党诞生了！如同黑暗的夜空电闪雷鸣，中国革命从此有了方向。

今天，我们坐在宽敞的教室里，偶尔有翻书声和笔尖滑过纸张的声音。窗外是一片初春的景象，在这样的环境里，我们快乐地生活、学习。回首中国当年所受的耻辱与不平，我不禁热血沸腾。总有那么一些人，为了国家，抛头颅，洒热血；总有那么一些人，为了国家，宁死不屈；总有那么一些人，在和平的今天，不懈努力，带领全国人民走向繁荣、走向富强。而他们，有一个共同的名字，那就是——共产党员。

说起共产党员，大家也许会想起书本上一个个闪光的名字，可在我脑海中浮现的却是社区一个平凡的老党员马升荣。马爷爷是我家邻居，1969年入党，至今已有52年党龄。“吃不饱穿不暖”是马升荣童年时代最深刻的记忆。他的父母常说，旧社会，老百姓过着食不果腹的日子，是共产党领导人民当家作主人。“自打解放起，国家一天比一天强盛，我们老百姓的日子也一天比一天好。”父母谈论共产党时满怀感恩之情，后来成为马爷爷的入党初心。

在2020年的疫情防控中，马升荣的初心使命和先锋模范作用得到充分展现。疫情发生后，听说社区防疫人手不足时，他主动到社区居委会请缨，为抗击疫情尽自己一份绵薄之力。起初，社区党委考虑到马老年事已高，春节期间天气寒冷，婉拒了马老的请求。一向为人温和宽厚的老人此时较上了劲：“我是一个有50多年党龄的老党员，又是社区第二党支部的书记，非常时期，党员就是要出一份力！”拗不过老人，社区党委跟马升荣的家人沟通，发现马爷爷的老伴和子女都非常支持他。最终，社区党委批准马升荣参与疫情防控宣传工作。在马老的带领下，第二党支部的多名老党员也参与到小区“家园护卫队”中来。他们每天和社区工作人员一样八点就到岗，担负起巡查任务；走访各个楼栋，详细了解住户的出行、是否有相关人员前来探亲、家庭成员身体状况等情况，不丢一户、不落一人。看到马爷爷每天很晚才拖着疲惫不堪的身子回家，我有些不解：“您这么大岁数了，咋还坚守在一线啊？”他说：“我虽不能像医护人员那样冲在最前线，但作为共产党员，我可以尽自己的一点儿力量，献出一份温暖和爱心。虽然累，但很值得！”

“以小见大，见一叶落，而知岁之将暮；睹瓶中之冰，而知天下之寒。”老党员马升荣只是千千万万共产党人中的一员，但他身上朴实而闪耀的光芒却折射出了无数为人民幸福而奋斗的共产党人的影子，激励我们立志在心头，扬鞭在脚下，去开创一个属于我们的，新世纪的辉煌未来！

芜湖县一中高一（26）班　胡欣然

峥嵘岁月　无悔丹心

我一直以为，抗美援朝无非是在很冷的天气里打仗啊，也就那样。可一次偶然的机会，我和邻居老爷爷的谈话改变了我的看法。

老爷爷叫项国瑞，出生于1931年11月，1950年6月光荣入伍，在空军某部修理局发动机修理处任助理员。有一天，我无意中发现项爷爷双耳红肿还渗着水，便好奇地问道："项爷爷，您的耳朵怎么回事，要不要搽点药？"项爷爷笑着说："没事，老毛病了，当年老黄（项爷爷的战友）在上甘岭被美国兵的大炮炸成了重伤。为了给他输血，我从驻地跑了十几里山路赶到上甘岭。一跑起来全是汗呀，跑热了，我就把棉军帽的两侧掀起来，两只耳朵完全裸露在外面，结果耳廓冻坏了。许多年了，现在还经常发痒流水。"

我来了兴趣，缠着项爷爷问："那您在抗美援朝中肯定经历了许多有意思的事喽？"项爷爷笑了笑，继续说："有啊。6月份，朝鲜的天气已经很热了。每当修发动机，总是汗如雨淋，却没法子洗澡，也没有衣服可以换，天天就像是在大蒸笼里干活。可任务紧啊，我还得抽空去地勤处帮忙，趴在草丛里给兄弟们传送水和消息。白天夜里就那套棉衣在身上滚，棉衣早就发馊了，硬邦邦的，身上都臭了，爬满了虱子。后来部队把修理处的家属接到了江界，晚上睡觉时，我一脱棉袄，白床单上就落了一层黑点，是蚂蚁大的虱子，有十来个。这种事情天天有，但我爱人受不住啦，大叫'国瑞，你怎么这样脏！'翻开衣服就开始抓虱子，一个小时下来，那虱子装满了两个小茶杯，哈哈。第二天老于和老马（项爷爷的战友）出来了，一个拿着一酒杯的虱子，一个拿着半个美国小洋盒的虱子。哈哈，原来他们爱人也帮他们捉了虱子。我身上的虱子最多，老于和老马就给我起了一个外号叫狮（虱）子王，哈哈。"项爷爷的话匣子一打开就关不上了，滔滔不绝地说："当年我和兄弟们去沙里院取飞机材料，天寒地冻，零下三十度，从海州走到那儿不容易呀，兄弟们的双腿都冻得不听使唤了，我的脚早就没有感觉了，走不来路可怎么办呢？这时，一位有经验的老战士对我们说：‘大伙听好了哈，坐下来，用雪球互相搓搓脚和腿啊，晚了腿可就保不住了。’大家一听，马上照做，虽然冻得双手通红，但腿总算能走了。十分钟后有人喊了一嗓子：‘革命！’老金（项爷爷的战友）叫‘力量！’我也喊了一声‘毛主席！’大伙都笑了。”项爷爷止住话头，闭上眼睛陷入深深的回忆。

项国瑞爷爷是一位空军战士，上天是空勤兵，在地是地勤员。这位战斗英雄，用实际行动传承着中华民族大无畏的革命精神，为了祖国的安全，为了世界的和平贡献自己一份力量。

历史不能忘记。当侵略者把战火烧到鸭绿江边，刚刚组建的人民空军，如雏鹰展翅，飞赴朝鲜战场。而在这些战斗英雄鲜亮的光环背后，是更多默默无闻的战士，与英雄一起，共同打造了共和国的蓝天劲旅。没有他们，就没有中国人民今天的美好生活。

“少年强，则中国强”。作为新中国的青少年，我们永远不要忘记把生命留在朝鲜土地上的英烈，更要牢记中华民族英勇不屈的精神。在新时代奋发图强，为实现中国梦勇往直前！

芜湖荟萃中学七（2）班　苗雨辰

后　记

为了隆重庆祝中国共产党成立100周年，在广大青少年中赓续红色血脉，传承红色基因，2021年4月，安徽省关工委暨芜湖市关工委创意主办、芜湖传媒中心承办芜湖小记者“双百行动”。这一创意得到中国关工委顾秀莲主任的高度赞赏和热情支持，欣然应邀专程莅芜，出席4月27日在王稼祥纪念园广场举行的启动仪式，考察调研芜湖市关心下一代工作并作重要指示，为芜湖关工系统庆祝建党100周年系列活动留下浓墨重彩的一笔。

所谓“双百行动”，就是从全市3000名小记者中遴选100名，由芜湖传媒中心专业新闻工作者带领和指导，对在不同年代、不同时期入党的100名优秀共产党员进行采访，大江晚报在重点版面开设专栏，予以跟进报道。在持续数月的“双百行动”中，采访对象饱含深情，讲述他们亲历的中国共产党领导中华民族从站起来、富起来到强起来的辉煌历程；结合个人成长经历，讴歌党的丰功伟绩，抒发爱党爱国的赤子情怀，表示要顺应时代的新变化和青少年的新需求，讲好党史、新中国史、改革开放史和社会主义发展史。同时，用心用情用力为青少年做好事、办实事，展现“五老”的良好精神风貌和优良作风。小记者们则通过采访实践，近距离体验和感悟这些共产党员身上的特殊魅力：他们在最艰苦、最平凡的工作岗位上默默奉献，书写出对党对人民的无限忠诚，每个人都称得上是一面旗帜，引领我们青少年以共产党员为榜样，听党话、跟党走，发奋读书，立志成才，努力放飞梦想，实现人生出彩。

以上采访活动通过媒体的连续报道，受到广大读者的关注，在社会各界产生了广泛影响。根据最初的设想，主办单位待“双百行动”收官后将优秀作品结集出版，作为“老少携手”献给建党100周年和党的二十大的特别礼物。同时，为了拓展该项活动的外延，更好地彰显关工系统建党100周年主题教育活动的丰富内涵，讲好身边关工“五老”典型故事，我们又特地从芜湖市关工委内部刊物《春晖》近年来发表的“关工人物”通讯和市教育局、关工委开展的“读懂中国”征文活动稿件中精选了部分作品，一并编入本书。

引导青少年坚守理想信念之基、把稳思想之舵、补足精神之钙，从小听党话、跟党走，自觉把个人理想融入国家和民族伟大梦想之中，奋力走好新时代的长征路，努力实现人生出彩，是关心下一代工作的永恒命题。中共中央办公厅、国务院办公厅印发的《关于加强新时代关心下一代工作委员会工作的意见》（以下简称《意见》），从坚持用习近平新时代中国特色社会主义思想铸魂育人，讲好红色故事、传承红色基因，积极引导青少年培育和践行社会主义核心价值观，加强青少年法治教育和权益保护，实施“五老”关爱下一代工程，优化青少年健康成长的社会环境等六个方面提出了一系列具有鲜明时代特征的创新思路和创新举措。从某种意义上说，芜湖小记者“双百行动”及其成果，正是我省关工系统贯彻落实《意见》精神的一次有益尝试。

芜湖小记者“双百行动”，自始至终得到中国关工委顾秀莲主任、安徽省关工委张俊主任和中共芜湖市委书记单向前等同志的关心、关注和支持；芜湖传媒中心精心实施，参与采访活动的老党员和小记者老少同心，倾情投入。“双百行动”得到芜湖市教育系统的大力支持，碧桂园小学、育红小学、绿影小学、北塘小学、育瑞实验小学、翰文学校、安师大附外城东校区、赭山小学、南瑞实验学校、镜湖小学等相关学校积极组织小记者参与。安徽师范大学出版社为本书的出版发行提供了大力支持。在此一并表示谢忱。

由于时间仓促，水平有限，本书肯定存有诸多不足，期待方家和广大读者指正！

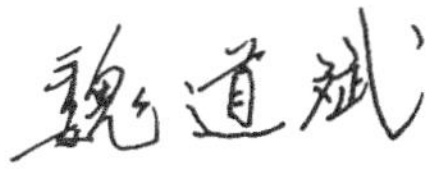

2022年10月于安徽芜湖

作者系芜湖市人大常委会原党组副书记、副主任（主持日常工作），

现任芜湖市关心下一代工作委员会主任